Analysis without Paralysis
10 Tools to Make Better Strategic Decisions

决策的 10 个工具

［澳］芭贝特·E·本苏桑（Babette E. Bensoussan） 著
［加］克雷格·S·弗莱舍（Craig S. Fleisher）

王 哲 译

中国人民大学出版社
·北京·

谨以此书献给我们的家人。

——芭贝特·E·本苏桑和克雷格·S·弗莱舍

致　谢

为了写这本书，我站在了很多人的肩上——我的合作者克雷格·S·弗莱舍在紧要关头给了我大量的支持和理解，我亲爱的丈夫用他的耐心、扶持与理解给我提供了舒适的工作空间，我的家人和亲爱的朋友们在我写作此书期间给予了大力支持。感谢FT出版社那些给予我帮助的人们，是你们提供的帮助让本书有机会与读者见面。没有你们，我们是做不到这一点的。最后，感谢我的客户和同仁，是你们提出的挑战和问题让我意识到，如果不想处于停滞不前的状态，就必须用比较简单的方法来作分析。我希望这本书能给你提供一些解决问题的必要工具。

芭贝特·E·本苏桑

我想感谢长期的合作伙伴及朋友芭贝特·E·本苏桑，感谢她为此书付出的辛勤劳动和富有思想的建议。她在孜孜不倦地工作的同时，还要处理其他事务。另外，我也要感谢我的家人及朋友、同事，感谢他们在我写作此书的过程中给予的耐心与理解。FT出版社一如既往地给予了我帮助。此外，我还要感谢几所大学里一直与我合作并给予支持的人们，特别要感谢英国德蒙福特大学［De Montfort University（UK）］莱斯特商学院（Leicester Business School），以及和我共同带博士生并一道承担了很多研究课题的好朋友希拉·赖特（Sheila Wright）；感谢芬兰坦佩雷科技大学（Tampere University of Technology）以及商业信息管理和物流学院的主任米卡·汉诺拉（Mika Hannula），我被聘为那里的讲师，并参加每年一度的 eBRF 会议。最后，我还要感谢所有在我写作此书的过程中提供资助及其他形式支持的机构，特别是温莎大学研究协会主席、Odette 研究协会主席以及 Odette 商学院院长艾伦·康韦（Allan Conway）为本书的完成提供了无私的帮助。

克雷格·S·弗莱舍

作者简介

芭贝特·E·本苏桑是 MindShifts 集团的总裁，这家企业在澳大利亚、新西兰等地专门从事竞争情报、战略规划和战略营销项目。芭贝特是国际著名的竞争分析方面的专家，她曾给企业高管人员和组织提供指导和培训，帮助他们传递和执行竞争情报。她承担了澳大利亚企业和《财富》500强企业的很多研究课题，并提供咨询服务，在很多行业和营销领域从事的项目达 300 多个。

2006 年，她在这个领域的工作得到了高度认可，被授予在竞争情报领域享有盛誉的最高奖项——竞争情报从业者协会功勋奖。

除了积极从事商业研究工作之外，芭贝特还在西悉尼大学（University of Western Sydney）悉尼管理研究生院和邦德大学（Bond University）教授本科企业管理课程和 MBA 课程。她发表了很多关于战略规划、竞争情报和战略营销方面的文章，广被邀请在国内外作演讲，并被聘为多所院校的客座教授。

芭贝特与他人合作出版了两部著作，分享了她在商业竞争分析方面的知识。《战略与竞争分析》和《商业与竞争分析》分别在 2003 年和 2007 年出版，一直是这个领域最畅销的书籍。

克雷格·S·弗莱舍是温莎大学研究协会主席，是加拿大温莎大学 Odette 商学院的管理学教授。他被《加拿大商业》（Canada Business）杂志评为加拿大最著名的 MBA 教授之一。他曾经在加拿大的几所大学担任系主任、MBA 中心主任或讲座教授，现在是芬兰坦佩雷科技大学的企业信息管理和物流学院的讲师,在澳大利亚、新西兰、南非和英国的多所大学曾经或正在担任助理教授。他在匹兹堡大学的 Katz 商学院获得博士学位。他是很多协会和企业的重要成员以及很多杂志编委会的委员。他是国际竞争情报从业者协会的前任主席和研究员、竞争情报基金会理事会（华盛顿特区）的创办者和首任主席、《竞争情报和管理》杂志的创刊主编、国际商业和社团协会（International Association of Business and Society）的创始人。2007 年,他被"金钥匙国际荣誉协会"（Golden Key International Honour Society）授予"加拿大年度顾问"称号。克雷格承担了九本书的编写或主编的工作（其中几本被翻译成多国文字）,并在应用战略、竞争情报和分析,以及绩效管理等领域发表了几十篇文章和连载评论。他最新出版的一本书是《商业与竞争分析》（FT Press,2007）。他受邀四处演讲,并时常给一些重要的企业、协会和公共部门提供竞争情报和分析等方面的咨询。

目 录

第一部分　简介

第一章　分析在企业管理中的作用 ………………………… 3
　对有效分析的需求日益增长 ………………………………… 7
　结论 …………………………………………………………… 9
第二章　分析过程 …………………………………………… 13
　什么是分析？ ………………………………………………… 15

第二部分　分析工具

第三章　波士顿矩阵 ………………………………………… 23
　描述与目的 …………………………………………………… 23
　波士顿矩阵的优点 …………………………………………… 28
　波士顿矩阵的缺陷 …………………………………………… 29
　如何操作 ……………………………………………………… 30
第四章　竞争者分析 ………………………………………… 39
　描述与目的 …………………………………………………… 39
　竞争者分析法的优点 ………………………………………… 40

竞争者分析法的缺陷 …………………………… 41
　　　如何操作 ………………………………………… 41
　第五章　财务比率与财务报表分析　　　　　　　　53
　　　描述与目的 ……………………………………… 53
　　　财务比率与财务报表分析法的优点 …………… 55
　　　财务比率与财务报表分析法的缺陷 …………… 55
　　　如何操作 ………………………………………… 57
　第六章　五力行业分析　　　　　　　　　　　　　75
　　　描述与目的 ……………………………………… 75
　　　五力行业分析法的优点 ………………………… 79
　　　五力行业分析法的缺陷 ………………………… 79
　　　如何操作 ………………………………………… 80
　第七章　议题分析　　　　　　　　　　　　　　　89
　　　描述与目的 ……………………………………… 89
　　　议题分析法的优点 ……………………………… 90
　　　议题分析法的缺陷 ……………………………… 91
　　　如何操作 ………………………………………… 92
　第八章　政治风险分析　　　　　　　　　　　　　105
　　　描述与目的 ……………………………………… 105
　　　政治风险分析法的优点 ………………………… 106
　　　政治风险分析法的缺陷 ………………………… 107
　　　如何操作 ………………………………………… 108
　第九章　情景分析　　　　　　　　　　　　　　　121
　　　描述与目的 ……………………………………… 121
　　　情景分析法的优点 ……………………………… 124
　　　情景分析法的缺陷 ……………………………… 125
　　　如何操作 ………………………………………… 126

第十章　宏观环境分析 …… 135
描述与目的 …… 135
宏观环境分析法的优点 …… 137
宏观环境分析法的缺陷 …… 138
如何操作 …… 140

第十一章　SWOT 分析 …… 145
描述与目的 …… 145
SWOT 分析法的优点 …… 149
SWOT 分析法的缺陷 …… 149
如何操作 …… 150

第十二章　价值链分析 …… 157
描述与目的 …… 157
价值链分析法的优点 …… 161
价值链分析法的缺陷 …… 162
如何操作 …… 163

第一部分 简介

>>> 第一章 分析在企业管理中的作用
>>> 第二章 分析过程

第一階段　簡介

第一章 分析在企业管理中的作用

在当今的信息时代，要想成为商界精英，就必须要有越来越强的能力来理解竞争、环境、组织和战略的内涵。企业管理是管理组织的方法，它的最终目标是培养价值观、提高管理能力、明确组织责任和完善管理体系。其中，管理体系是把所有级别和各个部门的战略、策略和业务决策联系到一起。

现在，企业高管最重要的一个任务就是参与制定组织的战略，并为之献计献策。可惜，战略这个词被用滥了，不同的人对其有不同的理解，即使那些管理学领域的著名学者和高级管理人员也很难对其进行界定，对其涉及的范围也很难形成统一的看法。

我们不想添乱，在本来就很长的定义列表上再增添几个定义，但我们颇为自信地认为，制胜战略的制定基于创新性和差异性，即与竞争者"不同"，而且要为消费者所看重。经济学家界定这些差异的目的，用战略管理术语来说，就是尽量开发独特的组织资源和竞争力。应该根据组织所在的市场，经过深思熟虑制定战略，把这些竞争力转化为竞争优势。

竞争优势是组织在市场中定位以获得优势的独特方式。这个优势往往能够体现组织是否有能力创造并保持高于行业平均利润率的可持续水平。战略规划能够帮助组织获得竞争优势，而战略规划是指以专业的有系统性的工作，来实现组织的战略目标，并划分职责以保证战略的实施。战略规划过程见图1—1。

在制定战略的过程中，管理决策涉及如下几个方面：
- 确定组织活动的范围。我们要在哪里开展业务？我们的目标客户是谁？我们要避开哪些竞争者？我们要强调价值链的哪些部分？哪些

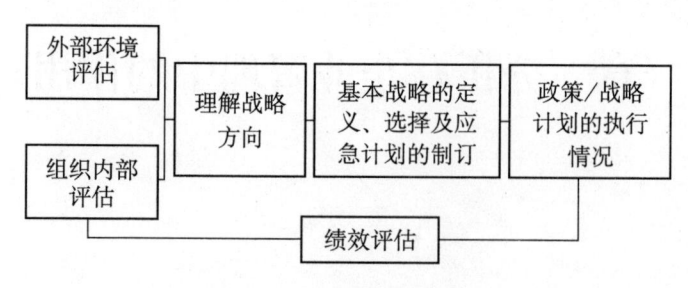

```
┌─────────┐
│外部环境  │
│  评估   │─┐   ┌─────────┐   ┌─────────┐   ┌─────────┐
└─────────┘ ├──→│理解战略  │──→│基本战略的定│──→│政策/战略 │
┌─────────┐ │   │  方向   │   │义、选择及应│   │计划的执行│
│组织内部  │─┘   └─────────┘   │急计划的制订│   │  情况   │
│  评估   │                    └─────────┘   └─────────┘
└─────────┘           │
            └─────→┌─────────┐
                   │ 绩效评估 │
                   └─────────┘
```

图 1—1　一般战略规划过程

由我们自己来做，哪些进行外包？

- 协调组织活动与环境。这要求找到一个创造令人满意的"合适"水平的战略。
- 匹配组织活动与资源潜能。这要求在赢得客户和创造利润的同时，在能力所及的范围内开展工作。
- 在整个组织层面酝酿变化。这可能比较复杂，需要出色地执行战略。
- 对组织的重要资源进行合理配置和重新分配。这需要我们在使用资源时找到发挥资源最大潜能的方法。
- 明确影响战略的价值、期望值和目标。这意味着决策者要了解正在发生的事情，清楚组织现在和未来发展的方向。
- 确定组织长期发展的方向。这个时期可能延续五到十年，甚至更长，时间的长短取决于影响产业的变化与竞争的性质。

在这个过程中，管理决策可能会因决策者选择的时间及所承担的责任的不同而不同。这些决策大体分成三类，即战略决策、战术决策和业务决策。

- 战略决策具有重大的资源配置影响，给组织上上下下的决策确定基调，本质上比较少见，实际上不可改变，对组织在市场上的竞争力具有潜在的实质性影响。这些策略由高级管理人员制定，将影响组织的经营方向。
- 战术决策不及战略决策的范围广，涉及组织政策的制定及执行。这些决策往往由中层管理人员制定,常常会对营销、会计、生产、经营单位或产品产生重大影响,但对整个组织并不会产生任何影响。一般情况下,与战略决策相比,战术决策较少涉及资源。
- 业务决策是指支持组织运行所需要的日常决策,这些决策会在几天或几周内执行。业务决策由基层管理人员制定。业务决策与战术决策、战略决策存在明显区别:业务决策的制定比较频繁,而且往往制定得比较"仓促";业务决策往往结构完整,一般会附带清楚明白的程序指南或者容易理解的参数。

找到一种方式来实现组织与其(经营或者竞争)环境之间"恰当的"或协调的结合点是企业高管的重要任务,这需要进行大量有效合理的分析,并要考虑到组织所处的全球性的竞争环境。

任何一位高管都不可能把整个竞争领域了解得特别透彻,从而能够正确地制定所有的决策。在今天这个复杂、混乱的全球性竞争环境中,迫切需要做出有意义的事情、进行战略性的思考、提高对竞争领域的了解,这是组织发展并提高其分析能力的原因所在。

要想使组织取得成功,必须作好分析。

不过,难道分析不是每个人在学校或工作中学到的吗?我们能否像其他人那样仅仅依靠直觉、勇气和经验就获得未来的成功?

答案是否定的,而且不仅仅是现在。表1—1简单解释了分析或不分析的后果。

表 1—1 识别分析

	什么是分析	什么**不**是分析
方法	对检验过的技术进行实际应用。	不断采用产业惯例和一次性解决方案。
流程	所设计的方法和一系列步骤是为有效地把一种情况分解成组成要素,并以应对挑战或解决问题的方式进行重新安排。	"我们有点明白怎么回事,怎么做了。幸运的是,到目前为止我们还能应付得来。" "我们聘请顾问来做。"

续前表

	什么是分析	什么不是分析
结果	从资料和信息中获取的能够付诸实施的见解、情报/意义以及启示。	重新包装、重新组织、重新分类的资料和信息，往往是手头信息的概要，不存在有意义的转化。
资料来源	在分析问题时，需要进行合法合理地搜集相关资料或信息。	从非法来源或通过不合理手段得到并使用资料或信息——这些资料或信息往往不全。
支持系统	运用实用的通信、信息和管理体系来完善你的思维。	获取并运用"现成的"软件来制订解决方案。 绝妙的解决方案。
时间安排	在做任何决策之前给出。	草率地支持已制订的解决方案。
沟通渠道	采取决策者最能够接受且最可能使用的方式。	带有特殊格式的"正式"报告。 总是书面材料。
回答的问题	需要什么？ 那又怎样？ 现在需要做什么？	只不过是知道了让人高兴的事情——没有让人深入了解。
促进因素	讨论确定你或老板需要了解的事情。 有必要更好地把握你们组织在市场竞争中的地位。	你认为对高层重要或希望对高层重要的事情。 有必要展示我们确实在做事。

对竞争、环境、组织和战略进行的彻底分析，至少在以下几个方面对你是有所帮助的：

- 对竞争环境中潜在的发展机遇或初露端倪的威胁作出预警；
- 对组织的相对竞争地位进行客观且非短期的评估；
- 使组织更快、更容易地适应环境的变化；
- 以相关且及时的了解为基础建立组织的战略、营销、销售或产品规划；
- 确信决策是建立在系统的了解之上，并且这种了解降低了模糊性和复杂性。

进行绩效分析的目的在于能够更好地了解你所在的产业、你所处的环境以及你的竞争者，从而能够更好地进行决策。提高决策质量应该有助于提高提供竞争优势的战略的质量，而这将带来优于竞争者的绩效结果。

任何分析结果都应该能够付诸实施，也就是说，是着眼于未来的，应该帮助决策者更好地制定富有竞争优势的战略和战术。此外，分析结果也应该使你能够比竞争者更好地了解竞争环境，认清现在和未来的竞争者，特别是他们的计划和战略。**分析的最终目标是带来更好的经营效果！**

对有效分析的需求日益增长

如前文所言，近年来，通过分析取得较好的经营效果越来越成为企业建立竞争力的一个重要方面，这有几个重要原因。

第一，全球化提高了多数市场的竞争水平。过去，如果竞争者能够得天时地利，他就可以保持市场优势地位。地理、自然和社会政治壁垒可以制约竞争者，把他们挡在很多市场之外。在通信、信息系统、贸易政策及交通快速发展的形势下，多数壁垒都在被打破或已经被打破。无论何时何地，当这些市场壁垒消失的时候，就会很快出现新的竞争者。

新竞争者采用的竞争方式与现有的竞争者差异很大。他们也许在不同的环境里掌握了经营理念，往往面对不同的顾客需求，利用独特的资源，并且根据这些独特的环境和经历，了解了竞争的含义。组织不可能再指望竞争者运用古老的"游戏规则"或"同样古老的"行业竞争手段。有时，竞争形式看起来也许不合逻辑，短视或不道德，但却是合法的。因为这个新竞争是全球性的，彻底了解竞争者和经营环境也显得越来越重要。

第二，全球经济越来越富有**知识经济**的特点。很多人改变了他们看世界的角度，现在他们从一个全新的共同角度来看世界，这就是思维转变。在过去两个世纪的大部分时间里，占主导地位的是工业经济范例。当我们离它越来越远的时候，思维转变就发生了。在当今的多数发达经济体中，工厂、资产和设备生产的是"有形的"东西，人们运用其知识创造的是服务和"无形的"东西。这两类资产是这些国家 GDP 的最大组成部分，而服务业更是依靠知识而不是物质。

很多企业在搜集资料和信息,但并没有意识到**知识**与**信息**并不是一回事。由于沟通方式有了很大改善,可获得的信息量空前。信息越来越与噪杂、重复和不确定性混杂在一起,而且价值也越来越低。经济学家把信息称为多数发达国家"供应过剩"的产品,这在欠发达国家也在慢慢成为现实。要想保持竞争优势,企业必须以独特的方式来提供资料和信息,在混乱和复杂中创造秩序,在努力获得专长的同时对知识进行利用和转移。

知识是行动能力。把知识转化成商业见解和行动需要分析能力或意义建构的能力。这些能力包括经验、对行业和组织状况的真实了解、决策和管理技能,以及作出有见地的价值判断的能力。能力是通过犯错误、实践、思考、重复和培训形成的。与以往任何时候相比,知识经济更加意味着,要想获得并且保持竞争优势,组织需要进一步发挥自己在资源、能力、特长和专门技能方面的优势。

第三,新经济越来越具有明显的可模仿性特点,竞争者比以往任何时候都有更强的能力来快速复制和模仿新产品或新服务所具有的多数特点。要想避开竞争者,难度越来越大,因为市场很复杂,而且还需要与其他组织结盟、与竞争者协作、进行资源分配,并且组织间的外包和人事安排不断发生变化。通过法律认可的途径如版权、专利权和商标权来保护产品和服务,结果呢,现在竞争者很容易围绕新产品或新服务来生产,因为关于内部运行的很多信息都可以通过公开的渠道获得。找到这类信息越来越容易,因为在这个时代,为了建立有关新产品或新服务的法律依据,政府和国际机构必须共同分享这类信息。很多企业成为市场的"快速追随者",继产品或服务的首创者之后,很快推出受客户欢迎的改进产品或服务,凸显出其竞争能力,并由此获得成功。

第四,日益复杂的状况和越来越快的速度产生了很多问题和机遇。市场变幻莫测,支撑它的是通信和信息技术,这使得数据传输的速度比以往任何时候都快。当机械手段发生变化的同时,人类处理数据的能力却变化不大。

第一章 分析在企业管理中的作用

一二十年前，如果一个企业推出新产品或新服务，它至少能够领跑几年，很难被超越。如今，企业处在市场领头羊地位的时间锐减，换句话说，企业作为"市场领导者"的时间空前地短。新产品或新服务的生产周期也短了，企业不得不继续缩短这个时间。与此同时，为了保持领先地位，它们必须增加新产品或新服务的数量。

结 论

如前文所述，所有这些因素都要求具有良好的竞争观。良好的竞争观需要有效的分析。成功的商业分析需要了解环境、行业和组织，而这种了解来自经验、可靠的数据和信息，选择并利用合适的分析方法。

今天，商业人士需要下更大的工夫来确保他们所作的分析是以经过验证的合理方法为基础的。希望你在未来能够掌握一套核心方法，能够更加有效地评估数据和信息，而且所作出的评估与决策相关。读完此书之后，你至少能够了解十种能帮助你的方法。

本书包含了十个比较著名且被广为运用的分析方法，用来评估组织外部环境和内部环境（见图1—1），并帮助那些需要彻底了解经营环境的商业人士。本书的内容源自我们几十年来咨询、实践和研究的经验，即商业和竞争分析如何在各类企业中——无论是国企还是私企，无论是大企业还是中小企业——得到运用。

我们在本书中作了一个假设，即无论商业人士在什么环境下工作都必须选择合理的工具和方法来解答有关其企业竞争能力的重要问题，而且这种竞争能力既包括现在的竞争能力，也包括未来的竞争能力。

本书的独特之处在于，分析是重点。我们不想把它写成又一本关于企业管理或战略规划的书，但我们必须承认，这里描述的流程及方法肯定有益于战略规划者和管理者。关于这类话题，在大多数书店里都可以买到很多名字很响的图书，我们自己也通常参阅其中的很多书。不过，令我们感到吃惊的是，在竞争与战略分析方面，多数商业人士所使用的工具和方法非常有限，有几十种方法可供他们使用，可他们的真知灼见却少之又少。

之所以造成这些不利的结果，一方面是因为有些工具选得不对，过时了或者用得不对，另一方面是因为这些工具被错误理解或者被错误运用了。即便那些受过商学院良好教育的人也可能没有良好的认知背景，没有得到适当的指导，也没有足够的经验来有效使用这些方法去应对"真实世界"的挑战。

本书对一系列工具和方法的应用提供了指导，对每个方法的优缺点进行了点评，而且也提供了真正运用这个方法的流程框架。此外，本书还附有案例，让读者从中受到启示。

在企业中，商业人士要面对激烈的竞争，作为一名商业人士是很艰难的，特别是如果一个人经验不足并且/或不懂分析的艺术，更是难上加难。今天的商业人士所面对的分析挑战比以往任何时候都令人畏惧，原因是很多的，其中包括：

- 要求快速作出判断的压力。竞争者行动迅速，投资者和股东需要按时实现季度绩效目标，客户需要提前一天给出解决方案——没人愿意等待。时间对商业人士来说是最宝贵的资源，结果，时间往往最供不应求。制定决策的依据往往是"我们目前所了解的情况"，因为情况不允许拖延。正因为如此，你需要不断寻找已经确立的数据搜集和分类系统，从而能够快速提供可靠的信息。无论身在何处，商业人士都要应对时间越来越紧迫的局面，他们是在这种环境下工作和评估其工作效果的。

- 高度不确定的情况。不确定性有很多表现形式。它可能源自竞争的性质、所运用的竞争战术的范围、主要股东在竞争领域的反应、优化产品和/或流程、消费者对竞争战术的反应等。研究者已经对这类的干扰因素进行了研究，他们认识到，不确定性对竞争模仿是一个巨大的障碍，可以让竞争者长时间地保持优势。

- 接收/处理的信息越来越多。你需要的信息很少以你需要的形式及时到达。传统的主流信息系统不能对员工在工作之外所听说的谣传和小道消息进行捕获和分类，这意味着你也许缺乏某种重要来源的信息，而这类信息一直是使分析具有很大价值的"皇冠上的宝石"。

好的分析是成功经营的关键，有见地的见解能够给当代企业提供有价值的预期决策支持能力。关于客户、竞争者、潜在合作伙伴、供货商及其他有影响力的股东的看法是企业第一道，通常也是唯一的一道攻守防线。要想把这个能力保持到未来，需要企业高管利用每个机会进行令人信服的、相关的、实时的、有洞察力的和可行的分析。

分析结果必须能为决策过程提供必要的见解，以便保持组织的竞争力，凸显市场变化的早期警示信息。我们希望本书能提供给你有用的指导和帮助，提高你们组织的竞争力以及实现市场意义建构的目标。

第二章 分析过程

分析是有效管理领域的"丑小鸭"。很少有管理领域的人士写有关分析方面的著作,没多少人想谈论这个话题,更没多少人自称是此方面的专家。他们只是把数据分析的商业内容比喻成数据收集。数据收集者满大街都是,收集的方法对多数收集者来说很常见,唾手可得,数据收集机构也非常多。不信的话,去当地图书馆,或者上网搜一搜,或者读一读行业杂志上的商业广告,你就知道了。

那么,分析为什么有这么差的口碑呢?我们认为,分析之所以成为管理人员餐桌上讨论最多的话题,有很多原因。除了我们在第一章里分析的原因之外,还有:

1. 对多数人来说,分析很难作。本质上,人们在努力或花费精力作分析时,往往喜欢采取障碍最少的途径。在今天这个数字世界里,收集大量数据比搞清数据的用途容易得多。这有助于解释这个现象,即在过去的十年中,全球发展最快的行业便是数据储存。

2. 很少有人公开承认自己具有分析方面的专长。即便那些承认自己有这方面专长的人也不一定能"教授"或传播这个方法。分析技能是随着一个人的经验逐渐丰富、知识不断积累而形成的。

3. 如何把分析要素作为决策过程的一部分来管理,鲜有指导框架。很少有人能够根据"3e"——效率(efficiency)、有效性(effectiveness)和效力(efficacy)来详细解释如何有效管理分析。这就像骑自行车:很多人会骑,但他们很难向新手或者希望扔掉辅助轮的四岁孩子解释如何骑车。

我们通过对几家大型企业进行调查发现,数据收集远比数据分析成功。我们发现了一些通病,不能正确作分析的原因如下:

1. 老套的工具。就如一个拿着锤子的人，看什么都像钉子。人们总是不断使用同一工具。我们把这个过度使用同一工具的倾向称为"工具惯性"。而这有悖于下面原则，即在应对这个瞬息万变的复杂世界时，商业人士需要考察很多模式以提供价值。

2. 商学院处方。很多负责分析的人都读过 MBA，那些具有金融会计和管理会计背景的导师开出了经过检验证明是可靠的处方。正如战略不同于会计一样，战略和竞争分析也不同于会计分析。

3. 比率障眼法。多数商业人士是根据历史数据和财务比率来作分析的。这种做法充其量只能提供两个组织在某一特定的数据点或数据集的对比情况，从而得出二者之间的差距（是什么），但却不能解释差距存在的原因或者如何缩小差距。

4. 便利性选择。人们往往根据他们恰巧拥有的而不是应该拥有的数据来作分析。由于能够处理特定的数据，他们所运用的分析方法适合数据，但没有把分析的重点放在他们的问题和/或看法上。特别是当会计被要求作分析，而他们提供的只是反映财务操纵的结果时更是如此。

第一章已经提到，本书的内容是关于分析的。我们知道，使用这个术语常常会让大多数我们为之提供咨询和指导的商业人士感到不舒服，特别是当我们不使用大多数人使用的障眼法来掩饰事实时更是如此。

随着当今全球竞争环境的快速变化，每个组织都在不断给自己重新定位，以便能在竞争中处于领先地位。所以，组织需要更好地了解自己所处的环境，了解自己在业内不断变化的地位。这是分析过程的主要目的。

毫无疑问，分析是经理人被要求做的比较难，但也比较重要的工作之一。正如我们在这里谈到的那样，尽管近年来规划项目和数据收集方面有了长足发展，但分析却谈不上有什么发展。

正如科学家所学到的科学研究方法一样，分析过程和科学研究方法有很多相似之处。分析师观察特定事件、人或行为，提出假设、描述或解释他们所观察到的东西，然后利用假设对可能将要发生的事情进行预测。通过另外的观察或数据，对这些预测进行进一步评估，并根据结果对假设进行修正。

如前文所言，企业管理囊括了企业的方方面面。为确保制定并采取的决策正确，分析需要对环境给组织造成的影响进行了解。分析不仅要看是否最合适，而且也要考虑不同股东的需求，以及确定取得良好效果所需要的条件。

既然如此，你如何制定战略并保证这些战略是正确的呢？只有对事实进行仔细收集、考察和评估，才能根据组织的资源和要求来确定战略是否合适。

我们认为，在当今这个资讯爆炸的世界里，收集数据或信息不是关键。相反，通过分析，对信息进行考察和评估才是确定战略和决策是否合适的关键。这个过程需要技巧、时间和努力。多数组织都在收集某种形式的竞争信息，然而令人感到意外的是，很少有人正式对这些信息进行分析，并把分析结果融入企业正在进行的决策和战略制定的过程之中。

什么是分析？

当我们使用"分析"这个词的时候，为了理解各个部分的价值、类型、数量和质量，我们把整体分解为部分。这不单纯是从普遍到特殊的推理，也不单纯是对收集的信息进行归纳，而是把整体分解成部分。现在，高管们往往认为，每个组织至少需要一些积极从事评估和考察各个部分的专业人士。

如何对各个部分进行评估和考察呢？

分析是多方面的跨学科的科学与非科学过程的综合。人们通过分析，对数据或信息进行破解来提供有意义的见解。分析可以用来推导相互联系、评估发展趋势和模式、认清绩效差距，最主要的是，认清和评估组织可利用的机遇。分析回答了关于我们收集数据的"那又怎样"这个关键问题，直接对决策过程进行深入了解。

要想让分析有效，需要经验、有效信息、直觉、模型、辩论，甚至还需要一点运气。这需要不断改变艺术与科学、常识与有充分依据的模型、直觉与指导的组合。

我们作分析的原因是，尽管我们周围有很多信息，但我们要分析的问题往往很复杂，整体的实际情况也许看起来不那么明朗。

图 2—1 显示了分析的一般过程。

分析框架 （界定决策 和/或目的）	收集 （什么是 事实？）	分析 （事实意味着 什么？）	启示 （事实对决策的 意义是什么？）

图 2—1　分析的一般过程

作为过程，分析依靠原始数据。然而，不是任何数据都能带来有效的分析。为满足需求而收集并运用的数据，我们需要对其准确性和可靠性进行评估。

你必须认识到，了解准确性意味着要认识到不是所有的数据都具有同样的质量。有的数据是优质的，有的是边缘的，有的也许是不良的，有的甚至是具有欺骗性的。你必须对数据来源进行评估，以便知道输入的数据是否准确可靠。

数据来源所提供数据的理由往往是不同的。了解隐藏在个人或组织的数据背后的原因，对确立合适的分析目标至关重要。有些数据来源可能有问题，因为它们对数据集带有偏见。比如说，拥有政策议程的倡导组织常常对它们提供给决策者的数据怀有偏见，有时略掉对自己立场不利的数据，而突出支持自己立场的数据。你可以体会到，有效分析依靠有效的数据收集的重要性了。

除了有效收集数据之外，没有"一个最好的方法"来进行分析。我们遇到这样的人，他们想喝"分析神泉"（analysis spring）。众所周知，"分析神泉"是软件，可以放心地让它做分析工作，但这种东西是不存在的，而且我们也强烈质疑将来是否会有这种软件。尽管如此，我们相信，如果你注意如下几个事项，你是有可能提高你的分析能力的。

- 如何选择、整理数据和输入的信息（也就是，从"很高兴知道"或"谁在乎知道"变成"需要了解"）；
- 为满足某一特定需求应该采用什么样的分析方法；
- 在对组织的行动和决策提供有效信息时必须要了解什么。

有效分析完全来自不断的实践。本书的分析方法你使用得越多，你就越能够更好地实施这些方法，而且你的领悟就会更加深刻。

运用分析方法能否实现其潜在的作用，取决于很多因素。根据我们运用这些方法的经验和理解，在进行正式分析时需要注意以下几个方面的事项：

首先，很多组织使用正规方法，把它作为管理决策的"表面上的捷径"。我们在本书中描述的方法都是以实证研究为基础的，被很多管理学的可靠理论所支持。我们在本书中对这些分析方法逐一进行简单的介绍，但并不是说，使用这些方法能快速有效地解决问题。

其次，没有一个放之四海而皆准的分析工具。分析的深度和复杂性取决于企业的境况和你的需要。你首先要清楚自己的需求，这是很重要的。没有一个方法能给高管人员提供有关提高竞争力的所有答案。分析方法几乎总是根据某一具体目标而选择使用的，而且为了取得最佳效果，总是采用不同的组合。

再次，不要过分依赖少数几个分析方法。没有经验的分析师往往会这么做，他们这么做的原因主要有：

- 运用某一特定方法能够产生积极效果；
- 使用这个方法能够带来轻松的感觉；
- 掌握了支持使用某一特定方法的方便数据。

使用本书介绍的方法也许会让你忽略分析的质量和/或数量，而这些是制定和实施有效的竞争战略所必需的，造成这种结果的原因有很多。比如说，凭我们的经验，使用这些方法来分析不完整或有错误的数据非常容易得出错误的结论。正如前文所讲，数据的质量对分析结果是否有效至关重要。

最后，你还要注意，尽管有很多分析方法，我们在本书中也描述了几种，但是有些组织的决策依然很糟糕。研究者认识到，有几种常见的认知偏见可能会进入分析过程。这些偏见有：

- 不断增加投入。管理人员把越来越多的资源投入到一个项目，即便有证据表明这个项目要失败，他们也会如此。比较理性的决定就是"减少损失，抽身就跑"，但在这种情况下，常常因为个人责任感、不能承认错误或者没有认识到支持最初决定的假设条件发生变化，从而丧失理性。

- "集体思想"。这指的是，一群决策者（例如高级管理团队）还没有对决策的基本假设进行全面考虑就开始行动。这往往出于情感而不是对现实情况的客观评估。此外，这类事情一般发生在领导和文化都很强势的组织。

- 高估统领能力。这表现在个人往往高估自己掌控局势的能力。例如，喜欢买彩票的人会认为自己比较会买，但实际情况并非如此。这常常是他们过于自信的结果，高级管理人员往往有这种倾向。

- 事先假设。有些人坚信变量之间存在着相互关系，他们在作决定时往往以这些想法为基础，即便分析表明事实与他们的想法不符。此外，这些人常常使用证明自己观点的数据，而忽视与他们观点相悖的数据。从战略角度来看，尽管有证据表明组织的策略不适宜，但高管人员依然坚信组织现有的策略有道理，并继续执行。

- 简单化。人们用简单的事例来理解并不简单的问题。对复杂问题过度简单化的做法是很危险的，会使组织制定出糟糕的决策。在运用本书提到的分析方法时，要特别注意这一点。

- 代表性。这种做法违反了统计学的"大数定律"，即个人往往会对少量样本（如他们的经验）进行归纳，来解释更多的现象或人口。

这些做法的存在提出了关于分析过程、目的及结果的问题。组织中的人收集的信息常常多于制定决策所需要的数量，而且在一定程度上看起来很"理性"。换句话说，对信息进行分析往往不仅是客观决策的需要，也是达到最终目的的需要。

实际上，如果人们能够执行自己的决定，不必说服任何人时，分析并非那么必要。

由于这些及相关的问题，这些分析方法不应该被用来抑制战略思考，因为这对充分了解组织现在的经营状况和竞争环境以及未来的发展是必要的。它们将有助于改善战略思考，而不是取而代之。

要想把分析做好，需要哪些条件呢？一个人在作分析时应该表现出很多"能力"。美国竞争情报从业者协会对这些能力进行了很好的总结：

- 认清数据收集与分析各阶段之间的相互关系；
- 运用创造力；
- 运用演绎法和归纳法；
- 运用另一种思维方式；
- 了解基本的分析工具；
- 采用有趣的工具而不是枯燥的研究方法来进行分析；
- 知道什么时候以及为什么使用不同的分析工具；
- 认清差距及盲点的存在是不可避免的；
- 知道何时停止分析，以避免走入分析的死胡同。

有几百个战略、战术和操作分析方法可以收录到本书中，但我们没有那么做。不过，我们阅读了这个领域的大量文献，在确定那些被视为可能最适用于分析过程的分析方法时，我们考虑了调查研究的结果和我们自己的经验。

正如第一章概括的那样，本书考察了十个"经典的"分析方法，它们被广泛应用在分析经营和竞争方面的数据和信息，包括环境分析、行业分析、竞争者分析、组织分析模型。这将有助于商业人士从有限的资料中得出有效的结论，把起初认为不完全适当的信息组合在一起。

此外，还要警惕这样一种情况，即任何关于分析方法的列表都会遇到各类语义和概念混淆的问题。本书的一些方法有很多名称。这是因为这类方法是由某个组织提出的，于是与这个组织有着密切联系〔如波士顿矩阵

(BCG Matrix)〕，或者与某一具体作者相关〔如波特五力分析模型（Michael Porter's Five Forces Model)〕，或者一直是某个种类的称谓（也许是竞争者分析）。我们认识到，本书所包括的一些方法在多年的应用过程中已经发生了变化，或者是从其他联系密切的方法中派生出来的。无论如何，我们尽量收集方法的最被人所熟知的形式并加以描述，但没有囊括其所有派生形式。通过请你查阅书中的方法，我们是想提醒你注意，这些方法在哪些方面相互重复。

另外，我们必须说明，在讨论分析方法时，我们的目的不是"造出一个新轮子"。我们这里所描述的方法都有其实践历史。本书的方法都被真实的组织使用过和正在使用，它们不仅仅存在于理论之中。

本书涵盖的很多分析方法被主流的经济学家、财务会计和成本会计、未来学家、商学院教授、咨询顾问及其他有远见卓识的实践者和理论家所概念化。他们往往在努力解决所面对的迫切的分析性的问题时提出自己的观点。我们感谢他们让我们对战略和竞争分析有了更好的理解。我们对本书中分析方法的提出者表示诚挚的谢意。然而，当一个方法（如SWOT分析法）被快速广泛地接受并形成了被普遍认可的组织决策的基本知识体系时，有时很难找到表达谢意的对象。

第二部分　分析工具

>>> 第三章　波士顿矩阵
>>> 第四章　竞争者分析
>>> 第五章　财务比率与财务报表分析
>>> 第六章　五力行业分析
>>> 第七章　议题分析
>>> 第八章　政治风险分析
>>> 第九章　情景分析
>>> 第十章　宏观环境分析
>>> 第十一章　SWOT 分析
>>> 第十二章　价值链分析

第三章 波士顿矩阵

描述与目的

组合规划模型的设计目的是帮助分析师更好地了解在一个多元化的企业中，不同的经营单位组合在一起所具有的吸引力或潜力。这些模型从以下两个地方发展起来：通用电气公司（GE）的规划部和波士顿咨询集团（BCG）。人们普遍认为，是通用电气于 20 世纪 60 年代初首先提出了综合组合矩阵。

通用电气对组合矩阵进行了最初的开发，不久之后，波士顿咨询集团推出了市场增长率——市场份额矩阵（即波士顿矩阵）而征服了商业界。这个矩阵具有直觉吸引力，形象的比喻，加上可靠的数量分析，引起了很多战略规划者的兴趣。这些战略规划者正在寻找合理的手段来管理多元化的企业战略。

设计波士顿矩阵的目的是帮助多元化产品、多元化市场、跨国企业的管理人士去评价他们企业层面的战略，方法是：

- 给他们提供一个分析框架来确定最佳的产品组合或业务组合；
- 制定一套战略来指导资源在组合中的配置；
- 给他们提供框架来分析竞争业务组合。

波士顿矩阵能让具有综合业务的企业去评价单个经营单位或业务范围的优点，以便为每个业务确定合适的市场策略。用来评价业务组合的工具，是建立在企业所处的行业以及它们相对的竞争地位之上的普通标尺。然后，依据单个经营单位或者业务范围在组合矩阵中的位置来推荐一般战略。

在组织的目标、能力和经营环境之间找到一个匹配点,是战略规划的核心。提交战略规划就是向内部的竞争机遇配置资源。对焦点企业来说,这是具有挑战性的任务,而对多元化企业来讲,会很快面对难以处理的复杂情况。

波士顿矩阵整合了两个早就确立的管理理论:经验曲线理论和产品生命周期理论。

与经验曲线的联系

波士顿矩阵发现,由于受经验的影响,随着产量的增加,单位成本往往会下降。经验有三个功能:学习、专业化与规模。

学习功能表明,任何人做一件事,时间长了,都会做得更好。

专业化功能表明,把工作分给个人去干,由于不断地学习,每个员工执行这些任务的经验就会增加,成本也会随之下降。

规模功能表明,随着生产能力的提高,为额外生产能力进行融资的资本成本会消失。

这三个功能对收益率影响的顺序如图3—1所示。

不断增加的市场份额 → 不断增加的累积量 → 经验效应导致成本下降 → 突出的竞争地位和盈利能力

图3—1 经验曲线序列

根据这个逻辑序列,战略的主要含义可以从经验曲线理论中得出:经验曲线效应导致成本下降,从而使占有最大市场份额的公司实现最高累积量,并取得竞争优势。

与产品生命周期的联系

波士顿矩阵的另一构成要素是众所周知的产品生命周期(product life cycle,简称PLC)概念。根据下列的逻辑链,产品生命周期被选择用作经验曲线的自然补充内容。

如果市场份额是实现较高累积量，从而降低成本、实现较高收益率的最保险的途径，那么企业资源最有可能被用来追求较高的市场份额。

要把整个企业的收益率最大化，最稳妥的途径是通过战略经营单位（strategic business unit，简称 SBU）或战略业务范围（strategic business line，简称 SBL）的组合来实现市场份额的最大化。实现这个目标的最佳方式，是把利润或资源从成熟且进入衰落期的产品，转移到处于产品生命周期起步和发展阶段的产品。产品生命周期有两个相关的假设：

- 在快速增长的市场里，很容易获得市场份额，原因是市场份额是通过新增长来实现的，并不是从竞争者那里夺来的，所以竞争性报复没有那么严重。另外还有一个原因，即新消费者或用户与富有经验的消费者或用户相比，具有比较低的品牌偏好度。
- 处于生命周期成熟阶段的产品产生过多的现金流量，而处在发展阶段的产品需要或者吸收更多的现金。

把经验曲线与产品生命周期结合起来

图 3—2 中的波士顿矩阵是经验曲线与产品生命周期理论结合的结果。

	高　相对市场份额　低
高 真正的市场增长率 **低**	收入：高、稳定、增加 产生现金流量：不确定 战略：为发展而投资 **明星型**	收入：低、不稳定、增加 产生现金流量：负 战略：分析 **问题儿童型**
	收入：高、稳定 产生现金流量：高、稳定 战略：牛奶 **现金牛型**	收入：低、不稳定 产生现金流量：不确定或负（现金陷阱） 战略：撤资 **瘦狗型**

图 3—2　波士顿市场增长矩阵

波士顿矩阵显示出市场吸引力（用从产品生命周期理论推出的市场增长率来衡量）和竞争地位（用从经验曲线理论推出的市场份额来衡量），以此来比较不同产品和/或战略经营单位的状况。市场吸引力用行业的增长率来衡量，而竞争地位则用经营单位相当于同行业中最大竞争者的市场份额（与整个市场相对）来衡量。例如，如果一个经营单位的市场份额是20%，它最大的竞争者的市场份额是40%，在这种情况下，这个经营单位的相对市场份额是0.5。作这样比较的目的是为每个经营单位制定合适的市场战略。

如波士顿矩阵所显示的，多元化公司的总战略是，在很多高增长的市场里让尽可能多的 SBU 和 SBL 实现市场份额最大化。这个可能性的上限受到了现金流的限制，因为这个模型假设现金使用量和现金产生量达到了现金收支的内部平衡。因此，高级管理人员的战略目标是，把有限的现金资源在经营单位或者业务范围内进行广泛的分配，以实现企业利润的最大化。

在波士顿矩阵中，每个象限都提供了在这个约束条件下实现利润最大化的一般策略。

明星型业务——高增长率、高市场份额

明星型业务的高增长率需要大量的资金投入。明星型业务强大的市场份额意味着它们会沿着经验曲线进一步上行。因此，明星型业务应该很快产生很高的边际利润，从而有可能在不久的将来产生极大的现金流，也就是一个可持续的现金持有量。运用波士顿矩阵，推测明星型业务最后会成为现金牛型业务。这个模型建议，如果明星型业务出现现金不足，那么就应该对其进行必要的投资，以维持它们的市场份额；如果它们能够提供现金，那么就应该把多余的现金进行再投资。

现金牛型业务——低增长率、高市场份额

成熟市场上的产品或战略经营单位需要较低的现金投入，因此，它们可以提供现金流，去给其他更有潜质的象限提供资金。波士顿矩阵建议，只有用投资来维护现有地位的战略才应该"挤"现金牛型业务的"奶"。应该把多余的现金流再投入到明星型业务上或经过选择的问题儿童型业务上。

瘦狗型业务——低增长率、低市场份额

低增长率意味着，提高这类业务的市场份额的代价将非常高。此外，它们占有很低的市场份额，这一事实表明，由于在经验曲线上位置较低，它们的成本结构是没有竞争力的。因此，瘦狗型业务是不盈利的，而且仅仅为维持很低的市场份额也往往需要巨额资金的投入。运用波士顿矩阵可以为瘦狗型业务提供三个选择：

- 通过给想占领的具体的缝隙市场或细分市场制定焦点战略，这类业务能够盈利；
- 停止追加投资，与此同时，把它们可能还在产生的现金"挤"出来；
- 可以出售或慢慢地让它寿终正寝。

问题儿童型业务——高增长率、低市场份额

问题儿童型业务的高增长率需要巨额投入。强化因子是它们的低市场份额，这意味着由于在经验曲线上位置较低，它们的成本结构不具有竞争力。随着成熟阶段的到来，问题儿童型业务往往走矩阵的两条路之一：

- 如果市场份额无法增长，问题儿童型业务将变成瘦狗型业务。
- 如果市场份额有了足够的增长，问题儿童型业务会提升到明星型业务的地位，最后成为现金牛型业务。

波士顿矩阵建议，应该对最具发展潜力的问题儿童型业务进行投资，以增加它们的市场份额，但对那些前景黯淡的问题儿童型业务不应该追加投资。

图3—3显示的是这些分类的组合以及它们的必备战略。（图中数字代表战略的优先顺序。）

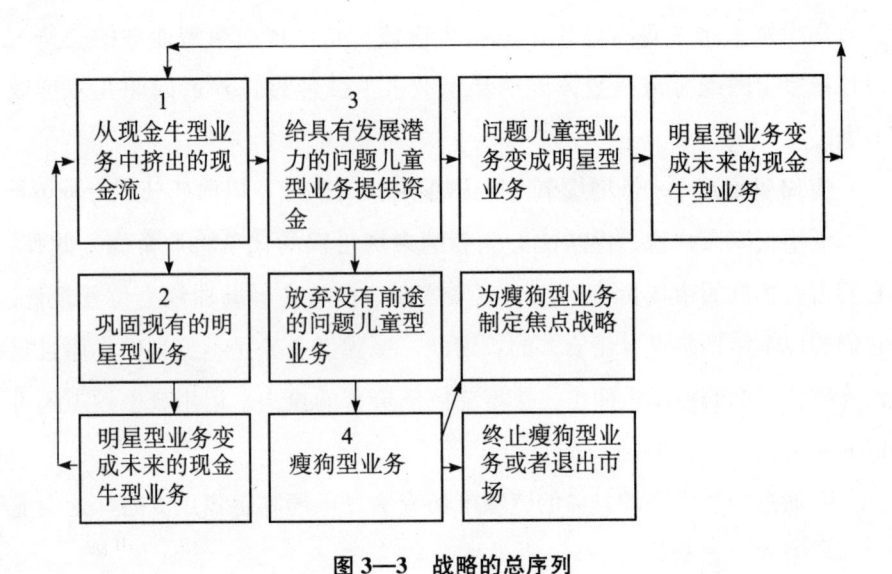

```
┌─────────┐   ┌─────────┐   ┌─────────┐   ┌─────────┐
│    1    │   │    3    │   │问题儿童型│   │明星型业务变│
│从现金牛型│   │给具有发展潜│ │业务变成明星│ │成未来的现金│
│业务中挤出的│ │力的问题儿童│ │型业务    │ │牛型业务    │
│现金流    │ │型业务提供资│ │         │ │           │
│         │ │金         │ │         │ │           │
└─────────┘   └─────────┘   └─────────┘   └─────────┘

┌─────────┐   ┌─────────┐   ┌─────────┐
│    2    │   │放弃没有前途│ │为瘦狗型业务│
│巩固现有的明│ │的问题儿童型│ │制定焦点战略│
│星型业务   │ │业务       │ │           │
└─────────┘   └─────────┘   └─────────┘

┌─────────┐   ┌─────────┐   ┌─────────┐
│明星型业务变│ │    4    │   │终止瘦狗型业│
│成未来的现金│ │瘦狗型业务 │ │务或者退出市│
│牛型业务   │ │         │ │场         │
└─────────┘   └─────────┘   └─────────┘
```

图 3—3 战略的总序列

波士顿矩阵的优点

波士顿矩阵非常简单，这可能是它的最大优点。这个矩阵展示了大量信息。它给人的感觉是，似乎在一个容易理解的格式中，可以把握多元化企业的复杂战略。很多其他管理工具在信息的广度和深度上都不及这个简洁的市场增长/份额矩阵。这个模型简单易懂，很容易被用来快速识别一些需要深入研究的领域。

现实情况是：对内部投资应该根据过去的绩效而定，或者对管理人的奖赏应该根据过去的业绩而定。但波士顿矩阵对此提出了挑战。在某些方面，组合方法培养的思维模式以未来需求为着眼点。

此外，波士顿矩阵对以下几个方面提供了帮助：

- 趋势分析。通过运用多阶段矩阵，很容易察觉战略经营单位在相对市场占有率上的变化。
- 竞争分析。通过确定竞争者矩阵的时间顺序，能很容易地确定竞争企业的战略进程。

- 便于沟通。波士顿矩阵及其引出的建议很容易让决策者理解。
- 管理哲学中存在的挑战。组合分析的一大优点是引起了使用者看法的改变。该分析法认为，企业的整体战略必须是经营单位的单独经营战略的整合。这是对以前思维定式的改进，以前往往把一般战略运用到整个多元化企业，忽视了企业不同产品市场的差异。通过把企业的整体战略与经营单位的部门战略结合起来，波士顿矩阵组合方法提高了管理层决策的灵敏度。

波士顿矩阵的缺陷

波士顿矩阵存在几个不足。与波士顿矩阵相关的经验曲线可能与某一特定产品市场的竞争变量无关。相对市场份额不一定完全代表竞争地位。也就是说，在所有行业中，市场份额与收益率之间的关系并不清晰，也不是单一的关系。

高市场份额并不一定比低市场份额获利多。根据很多利润丰厚的企业的经验，在低增长的成熟市场上的竞争，不应该被绝对排除在战略选择之外。同样，强调占据市场主导地位的思想不断受到立足于缝隙市场的成功企业的挑战，这些企业专门致力于产品或服务的差异化。

市场份额被认为是非独立变量，而市场增长率被认为是独立变量。这种观点不完全正确。认为市场增长率是不受管理层控制的变量，这种观点混淆了有效战略的因果关系。也就是说，战略应该带来增长，而不是增长带来战略。

波士顿矩阵假设，企业内部的投资机会优于企业外部的投资机会。然而，随着复杂的资本市场的出现，加之缺乏对具体市场的了解，多元化管理出现了困难，组合管理已经没有那么成功了。提高股息或把从现金牛型业务获得的额外资金投入到货币市场，这些做法所产生的回报率很有可能高于对内部明星型业务和问题儿童型业务的投资。

对战略经营单位的界定有时很模糊。就内在关联性而言（如联合成本、协同作用、需求以及相互依赖），战略经营单位的本质使通过矩阵图定位来进行分类显得毫无意义。

产品市场的特点影响了波士顿矩阵提出的战略建议。波士顿矩阵在权衡业务的广度（包括竞争经验的影响）和深度（考虑到有意义的细分）时，很容易犯错误。

通常，为保持战略组合如供应安全、竞争情报的来源、躲开某些行业设置的准入门槛，企业保留瘦狗型业务是有价值的。灵活的战略带来的好处也许会取代收益率，至少在特定时期是这样的。比如说，如果严格运用组合理论，多数汽车经销商都会很明智地放弃新车业务，然而，新车销售业务通常是推动服务市场高利润的一个重要力量。

由于波士顿增长矩阵只体现了来自最重要的竞争者对其市场份额的威胁，所以存在着遭受意外打击的风险。快速崛起的竞争者在获得足够的市场份额而成为市场生力军之前，也许不会被波士顿矩阵跟踪到。

波士顿矩阵还有一个不利的地方，即管理人士在力求让自己负责的业务变成明星型业务时对数据的选择和界定可能会产生偏见。波士顿矩阵也许还会产生一个意想不到的结果，那就是"政治"，以及围绕这些主观分析变量而进行的博弈。

由于波士顿矩阵一直是个很好的概念性框架，它应该主要被用作后继分析的起点。在与其他分析工具和方法结合使用时，此模型有助于为企业战略的制定提供整体分析。

如何操作

按照这个矩阵的系统性，使用波士顿矩阵的流程是有顺序的，可以分为如下几个步骤。

步骤一：把公司分成战略经营单位或经营产品范围/细分市场

把公司分成经济状况不同的产品细分市场，或者围绕具体的经营单位来划分。走第一步时应该谨慎，因为业务范围在矩阵上的位置，从而这个模型的战略性建议，在很大程度上取决于对这个产品的最初界定。你在努力寻找的单位应该拥有已经建立起来的独立的盈亏账目（profit and loss，简称 P&L）或预算概况。

细分市场的一般标准包括：相似的情况特点或者行为特点、不连续的增长率、分享模式、分配模式、替代产品的交叉弹性、地理位置、相互依存的价格、相似的竞争、相似的顾客以及（或者）有可能共享的经验。根据一般的经验法则，管理团队实际上只能在大约 30 个不同的业务范围内掌控战略，超出这个数量，就会掌控不了，并且达不到预期目标。可以想象得出，很多管理团队努力管理的业务范围的数量远远低于这个数字！

因此，如何在界定的产品市场内确定细分的程度，需要做大量的判断工作。为了正确整合竞争机遇和来自传统或直觉之外的威胁，必须保持足够大的范围。相反，必须缩小战略经营单位（SBU）或战略业务范围（SBL）的定义范畴，从而能让差异细微到足以让分析具有操作性的地步。尽管很难正确界定独立的业务范围或经营单位，但这个分析过程常常能够提供战略思维。

步骤二：测量每个 SBU 或 SBL 的市场增长率

下面这个公式很有用，是测量市场增长率百分比的增长率公式：

$$市场增长率,年份_X = \frac{[市场规模,年份_X] - [市场规模,年份_{X-1}]}{市场规模,年份_{X-1}} \times 100\%$$

步骤三：测量每个 SBU 或 SBL 的相对市场份额

与步骤二中的公式不同，相对市场份额不用百分比来测量，而是用经营单位或业务范围的市场份额与最大竞争者的市场份额的比率来测量。

$$SBU\ 相对市场份额,年份_X = \frac{SBU\ 销售额,年份_X}{最大竞争者的销售额,年份_X}$$

比如说，市场份额比率为 2，这表明 SBU 占有的相对市场份额是其最大竞争者的 2 倍。如果这个比率是 0.5，这意味着 SBU 的相对市场份额是其最大竞争者的一半。请注意，在通常情况下，SBU 拥有的产品不止一个，这就使得单个产品增长率的加权平均值可以作为一种合适的方法来使用。既可以使用名义的销售数据，也可以使用实际的销售数据。这往往需要相对市场份额的准确的估计数据，但在生成比率时，不需要精确到小数点后两位。

步骤四：在矩阵坐标上为每个 SBU 或 SBL 定位

纵轴——市场增长率

先在纵轴上绘制百分比。然后，画一个阈值点，把市场份额增长迅速的 SBU 或 SBL 与增长缓慢的 SBU 或 SBL 区分开来。波士顿矩阵用市场平均增长率作为划分界限的水平线，或者也可以用企业目标来界定这个阈限。与产品生命周期一样，位于水平线上面的产品被认为处于成长阶段，位于水平线下面的产品或业务范围可能处于产品生命周期的成熟阶段或衰落阶段。

横轴——相对市场份额

经验曲线理论认为，市场份额与总累积量相关，这是通过经验曲线效应压低成本的主要因素。在半对数坐标上画出相对市场份额。半对数图是把数据直观化的方法，该数据与指数关系一同变化。在对数坐标上画出一个轴。

此外，在横轴上需要确定一个高、低市场份额的分界点。波士顿矩阵建议，这个划分界限的垂直线是相对市场份额 1.0。1.0 线右侧的相对市场份额显示那个市场上竞争优势的阈值。

绘出贡献泡泡

两个分界点（高与低增长率以及高与低市场份额）把图分成了波士顿矩阵的四个有特色的象限。绘出增长率与相对市场份额只能给出在矩阵中的精确位置。一个有用的方法是围绕这些点画出泡泡，代表从每个 SBU/SBL 对公司的总销售额或总收益率的相对贡献的角度来看它们的相对规模。

$$泡泡的相对大小 = \frac{SBU 销售额或收益率}{企业总销售额或总收益率}$$

一般情况下,倾向选择销售量来确定泡泡的大小。这么做有几个原因:很容易对竞争状况进行比较(参见步骤五),SBU/SBL 很难获取竞争者的利润数据,而内部的利润数据往往被任意的分配所扭曲。此外,每个泡泡应该按照一般的惯例被标示出来,比如按数字顺序或者字母顺序,以便以后查阅。

在确定每个经营单位在矩阵内的位置时,可以对下面内容进行预测:每个经营单位或业务范围未来收入的规模、稳定性和增长潜力,以及每个单位应该提供的现金流。

步骤一到步骤四产生的阶段性分析结果看起来应该与图3—4显示的结果相似。

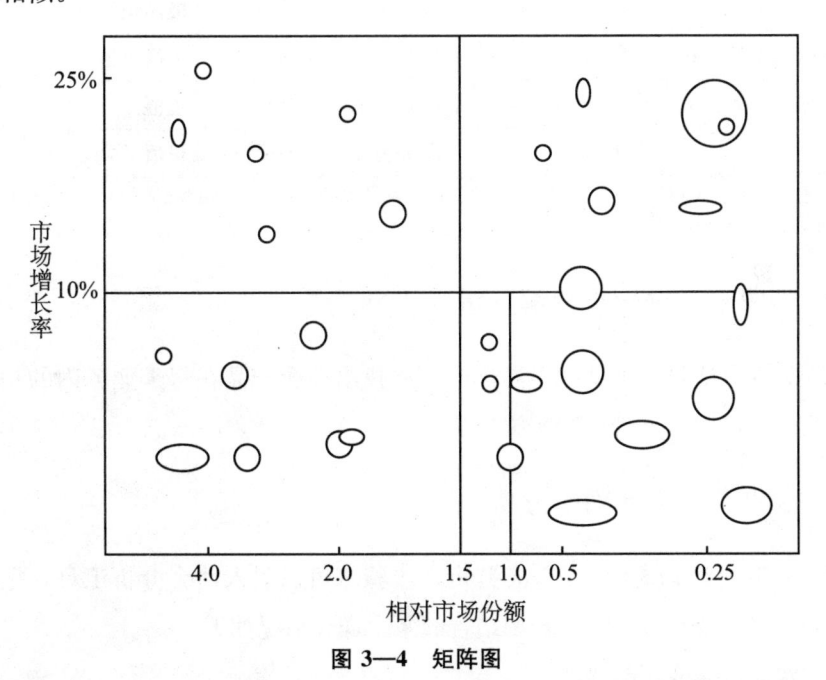

图 3—4 矩阵图

步骤五:为所有竞争者建立矩阵

重复步骤一到步骤四,为竞争经营单位或者产品范围建立矩阵,这将有助于分析竞争环境的外部焦点。

步骤六：为每个经营单位或产品范围指派最佳的一般战略

SBU/SBL 在矩阵中定位后，波士顿矩阵对其所应该采取的合适战略提出了建议，表 3—1 对这些建议的战略进行了概括总结。基本上，战略可以被概括成如下几个行动模式：售出瘦狗型业务、挤现金牛型业务的奶、对明星型业务进行投资、分析问题儿童型业务。分析问题儿童型业务以便断定，它是发展成明星型业务还是将沦落成瘦狗型业务。

表 3—1　　　　　　　　　　为波士顿矩阵制定的战略

业务种类	市场份额增减趋势	经营收益率	所需投资	净现金流
明星型	保持/增加	高	高	零左右或稍微低于零
现金牛型	保持	高	低	极高正值
问题儿童型（a）	增加	没有或负	非常高	极高负值
问题儿童型（b）	收获/放弃	低或负	不投资	正值
瘦狗型	收获/放弃	低或负	不投资	正值

资料来源：Arnoldo Hax and N. S.，"The Use of the Growth Share Matrix in Strategic Planning," *Interface*，February 1983，46-60.

步骤七：进一步分解分析

矩阵方法可以被进一步界定，以便找出综合产品在每个业务内的相对位置。这可能有助于巧妙实施步骤六。

步骤八：引入动态分析

步骤一至步骤七都是静态分析。步骤八可以引入两个分析工具，把市场的历史演变与可持续增长率结合起来，详细情况如下。

建立份额变化趋势图

建立份额变化趋势图的目的是画出市场长期增长情况与长期销售情况，以辨别哪些 SBU/SBL 的销售额在增长但实际上正在丢掉市场份额。这个工具运用起来很简单，因为它使用的数据与波士顿矩阵相同。该工具能够突出只用波士顿矩阵可能忽略的重要特点（见图3—5）。

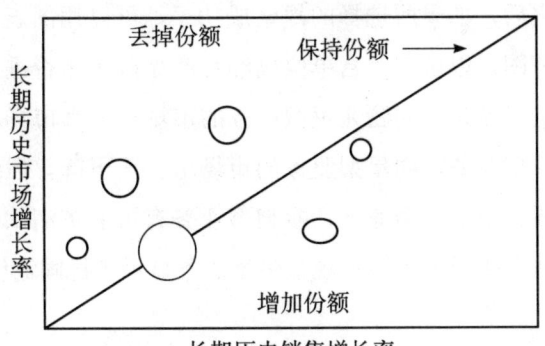

图3—5 份额变化趋势图

资料来源：Arnoldo Hax and N.S.，"The Use of Growth Share Matrix in Strategic Planning," *Interfaces*，February 1983，52.

可持续增长率分析

波士顿矩阵是在高通胀的20世纪70年代提出来的，它认为公司的发展应该进行内部融资。在低通胀的情况下，可以用可持续增长率公式来确定不增加权益情况下的最高增长率。把财务战略与波士顿矩阵结合起来对可持续增长率的分析是很有帮助的。

$$g = p \times [ROA = D/E\ (ROA - i)]$$

其中：

g＝可持续增长上限

p＝所得收入的百分比

ROA＝纳税调整后的资产收益

D＝总负债

E＝总权益

i＝纳税调整后的债务成本

步骤九：重复

重复步骤一至步骤八有两个战略目标，即战略评估与竞争分析。

战略评估

一段时间之后，如果所选择的战略成功了，可以用图表示出来，并附上时间序列矩阵图，以确定经营单位或经营产品范围是否进入矩阵上的理想位置。最佳结果就是：问题儿童型业务的市场份额和市场增长率都出现增长并成为明星型业务；明星型业务的市场增长率下降，但保持原有的市场份额，从而成为现金牛型业务；瘦狗型业务有可能被淘汰，也有可能移入问题儿童型或者明星型象限；现金牛型业务显示了稳固地位。

竞争分析

竞争企业的发展可以通过重复这个过程来实施监控，附带一个由竞争者构成的时间序列矩阵图，同时为竞争者建立一个最新的份额变化趋势图。通过这些工具，竞争威胁和机遇可能会自动显现出来。有人认为，矩阵形式下的最佳竞争分析是份额变化趋势图（见图3—5），原因是暂时的偏离现象不会扭曲分析结果，而分界点可以随着时间的变化而变化。

第三章 波士顿矩阵

案例分析 　有线电视宽带网行业

21世纪第一个十年，可以预测有线电视行业将是汇聚电视、广播、互联网和电子商务市场的又一个接入技术。这一新趋势的迹象最初出现于20世纪90年代末。美国有线电视运营商对他们的网络进行了升级，逐渐开始增加了高速互联网服务。这些做法被看作是超越对卫星需求的重要一步。

对全世界的无数观众来说，电视给他们带来了新闻、娱乐和教育节目。现在，很多人从有线电视上获取电视信号，因为有线电视的图像很清晰、频道更多。目前，很多有线电视观众还从有线电视运营商那里得到了高速的互联网连接（宽带）服务。

尽管有线电视宽带网行业有着明显的发展机遇，但它也遇到了融资困难。作为研究这个行业的全球整体地位和战略的一部分，波士顿矩阵被用来识别他们提供产品的性质。把有线电视宽带网行业的"产品"定位到波士顿矩阵中，得出了图3—6的结果。

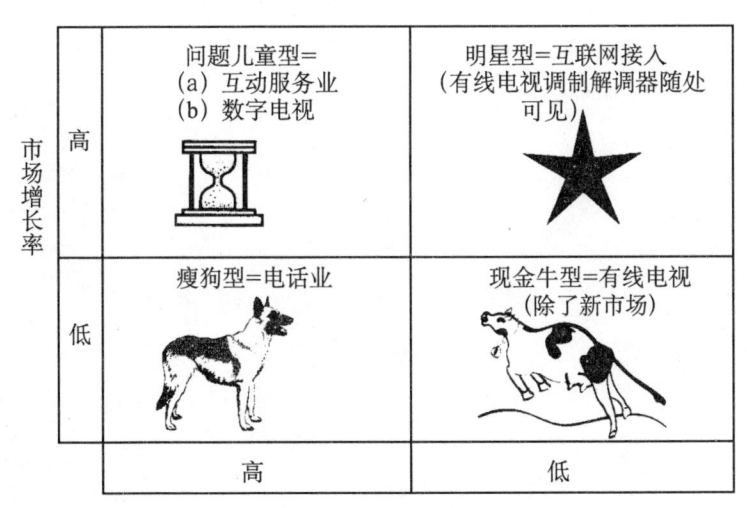

图3—6　有线电视宽带网波士顿矩阵产品组合

从这个波士顿矩阵中，可以就全球情况得出如下结论：
- 应该重新研究一下电话服务业——瘦狗型——考虑是否终止该业务。

- 应该在注重成本的基础上对有线电视服务——现金牛型——进行经营，以提供最大的正现金流。
- 从有线电视服务中获得的现金流应该被用来支持互联网接入服务——明星型——的继续增长，来推动新的互动服务的发展——问题儿童型。任何一种服务都可能在未来成长为明星型业务。
- 互动服务业——问题儿童型——与数字电视业务的开展密切相关，目的是在电视上提供互动服务，或者使用个人电脑通过互联网接入服务得到支持。然而，这种服务可能会成为电子商务网络世界的一部分，并使有线电视宽带网公司的能力受到极大制约，否则它会做得更好（从而带来额外收入）。

如何在电视和个人电脑之间进行选择，这个基本问题可以得到解决。或者更为现实的是，如何在家庭网络内部把二者融合在一起。这将可能决定下一个明星型服务。

资料来源：M. McGrail and B. Roberts, "Strategies in the Broadband Cable TV Industry: The Challenges for Management and Technology Innovation," *INFO*, 7 (1), Emerald Group Publishing Ltd., 2005, 53-65.

第四章 竞争者分析

描述与目的

竞争者分析的目的是全面了解现有和潜在竞争者的优势和劣势,以认清组织所面临的机遇与威胁。竞争者分析有四个目标:
- 认清竞争者的未来规划与战略;
- 预测竞争者对竞争主动性的可能反应;
- 确定竞争者的战略与其能力是否匹配;
- 了解竞争者的弱点。

哈佛大学的迈克尔·波特（Michael Porter）教授是最早提出建立正式系统的模型来搜集竞争者信息的战略家之一（见图 4—1）。这个模型鼓励你运用当前和过去的有关竞争者的信息,来预测竞争者对自己公司的战略、同行业的其他公司的战略或外部竞争环境的主要变化,以及可能采取的战略行动。这个模型会让你处于制高点来精心制定防御战略和进攻战略。

之所以要分析竞争者,原因很简单,就是为彻底了解竞争者的竞争优势提供一个合理来源。竞争优势的要素之一便是在企业所选择的市场上提供超高的客户价值。客户价值是相对于竞争者提供的满意度来说的,它使了解竞争者成为企业战略的内在要素。

竞争者分析从三个方面有助于实现高客户价值的目标:
- 首先,此分析能暴露出你们组织正在研究的竞争者的战略弱点,以便被你们利用;

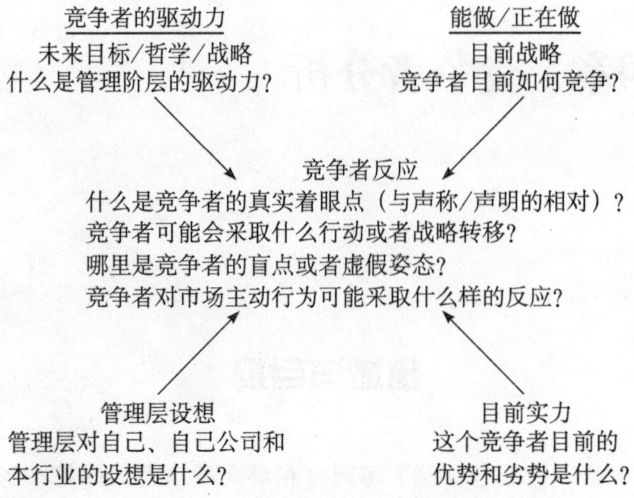

```
         竞争者的驱动力                        能做/正在做
        未来目标/哲学/战略                      目前战略
      什么是管理阶层的驱动力?                  竞争者目前如何竞争?

                            竞争者反应
                   什么是竞争者的真实着眼点(与声称/声明的相对)?
                   竞争者可能会采取什么行动或者战略转移?
                   哪里是竞争者的盲点或者虚假姿态?
                   竞争者对市场主动行为可能采取什么样的反应?

          管理层设想                          目前实力
      管理层对自己、自己公司和                这个竞争者目前的
      本行业的设想是什么?                    优势和劣势是什么?
```

图 4—1　竞争者分析的组成元素

资料来源：Michael E. Porter, *Competitive Strategy*: *Techniques for Analyzing Industries and Competitors* (New York: The Free Press, 1980).

- 其次，分析的前瞻性能让你预测到竞争者对你们规划的战略、其他竞争企业的战略以及环境变化而作出的反应；
- 最后，了解竞争者可以让你们企业的战略具有灵活性。

可以比较快地执行进攻战略，以充分利用你们的优势，抓住机遇。同样，你们可以比较巧妙地运用防御战略，以应对竞争企业利用你们企业的弱点所带来的威胁。

显然，对竞争者进行系统复杂的分析和搜集信息是很有益处的。严格说来，搜集信息的综合能力正成为企业成功竞争所需的核心能力。

竞争者分析法的优点

除了上述提到的优点之外，还有几个其他相关的优点：

- 竞争者分析会促使你们企业对竞争战略和广阔的经营环境采取积极主动的自信态度。
- 了解竞争者能有助于你们企业界定战略变量，而不是应对意外的竞

争行动。
- 竞争者分析本质上是综合性的，它促使企业超越职能部门的界限来共享观点。这样，很多机遇常常能够显现出来，否则就不会显现。
- 竞争者分析提出了一个制定战略的有效方法。此方法所具有的中肯、适时、简易和直观的形式为传达战略提供了非常好的载体。

竞争者分析法的缺陷

对竞争者分析法的批判主要是它诱发企业把竞争战略作为基石。在试图成为行业领导者的过程中，如果企业界定的行业领导的地位太过接近当前的竞争者，那么这个企业最终会沦为追随者，原因是：
- 与竞争者进行的比较，必须与客户价值的理念相关。
- 总把企业战略与竞争者作参照，会最终让企业看不到潜在的新竞争者的创新方法，而这些竞争者是来自行业外的，并且能够提供高客户价值。因此，留意来自看似不相关的部门和行业的潜在新竞争者是非常重要的。

超越竞争对手具有盲目模仿的性质，这可能会让竞争优势不能持续，所以，企业在把创新转化成盈利时，应该着重创造真正的客户价值，而不是简单的模仿。

如何操作

竞争者分析可分成七步来作：
1. 确定谁是你的竞争者；
2. 确定谁可能是你的潜在竞争者；
3. 需要有关这些竞争者的哪些信息；
4. 对搜集的信息进行分析；
5. 恰当适时地把你的观点告诉决策者；

6. 根据分析来制定战略；

7. 持续关注竞争者，仔细观察潜在竞争者。

步骤一和二：确定谁是你的竞争者、谁可能是你的潜在竞争者

前两个步骤密切相关。竞争者包括那些与你拥有相同客户群的企业。不过，什么是你的客户群？是使用相同产品的客户还是使用相同产品种类的客户？从根本上说，所有企业都是竞争者，因为它们都在努力吸引可支配收入。尽管这个最后的描述听起来有些极端，但它强调了在开始分析时要把潜在竞争者包括在内的重要性。考虑到行业变化和价值链遭到侵蚀这些因素，在开始时就包括潜在的新竞争者是很重要的，这样可以避免分析的视野过于狭隘。

有两种方法来界定竞争者：

- 传统方法。这种方法比较容易识别当前的竞争者，它着重界定行业内的战略集团。战略集团是那些具有相对相似的战略、占有行业价值链上相似环节、具有相似的整合资源能力的有密切关系的企业。
- 隐性方法。此方法重点识别那些还没有显现的潜在的新竞争者。那些竞争者正在新的竞争平台上采用提供客户价值的新方法，他们往往没有意识到自己将会很快取代现有的企业。通过重点关注客户价值和"你的客户把哪些竞争者看作是你的主要竞争者？"这个问题，企业可以通过不同的平台提供相似的客户价值、提供产品和服务来界定潜在的竞争者。依据不断变化的客户品味和偏好、动机、产品或服务的部署或者技术创新来重点界定潜在竞争者。

一般说来，识别目前和潜在竞争者的最具价值的信息来源将是你们企业自己的客户、销售人员、营销代表和业务经理。换句话说，就是那些与客户互动最多的人。其他价值较小的信息来源可能是行业分类目录、贸易协会资料以及其他间接的信息资源。

步骤三：决定需要有关这些竞争者的哪些信息

以分析结果的内部终端用户——公司内部的战略决策者——开始这个

步骤。他们最有能力准确列举出哪类竞争者的信息最有价值。为实现这个目标,应该把搜集信息的重点放在决策者的战略需求上。

表4—1描述了这个阶段可以考虑的信息种类和范畴。

表4—1　　　　　　了解竞争者信息的主要范畴与种类

背景信息	产品/服务	市场营销
● 名称 ● 地点 ● 简短描述 ● 历史 ● 主要事件 ● 重要交易 ● 所有权结构	● 产品/服务的数量 ● 产品范围的多元化或者广度 ● 质量、内嵌的客户价值 ● 筹划的新产品/服务 ● 目前的产品和产品范围所占有的市场份额 ● 计划的市场份额	● 细分市场战略 ● 品牌与形象 ● 可能的增长向量 ● 广告/促销 ● 市场调研能力 ● 客户服务重点 ● 4P因素——产品、价格、渠道、促销 ● 主要客户
人力资源	经营情况	管理人员
● 人员的素质与技能 ● 流动率 ● 劳动成本 ● 培训水平 ● 弹性 ● 工会关系	● 生产能力 ● 大规模定制的能力 ● 周转时间,生产的灵活性与弹性 ● 全面质量管理的实施情况 ● 间接费用成本 ● 理想的生产方式	● 性格 ● 背景 ● 动机与理想 ● 风格 ● 成功与失败的经历 ● 管理才能的深度
社会政治方面	技术	组织机构
● 与政府的联系 ● 股东信誉 ● 社会政治资产组合的广度与深度 ● 公共事务经验 ● 政府契约的性质 ● 与董事会成员的联系 ● 处理问题和危机的能力	● 工艺技术 ● 研发能力 ● 专有技术、专利和版权 ● 信息与通信基础设施 ● 内部创新能力 ● 通过许可、联盟与合资形式获取外部专门技术	● 等级的性质 ● 团队建设 ● 交叉功能 ● 主要所有权 ● 文化联盟

续前表

CI 能力	战略	客户价值分析
● 证明 CI 正规能力的证据 ● 报告关系 ● 介绍 ● CEO 和管理高层的支持 ● 弱点 ● 一体化 ● 数据收集与资产分析	● 定位 ● 未来规划 ● 使命与幻想 ● 目标 ● 企业组合 ● 协同作用 ● 资源/能力 ● 核心竞争力 ● 优势和劣势	● 质量特征 ● 服务特征 ● 客户目标与动机 ● 客户类型与数量 ● 所有权净值 （利润－成本）
财务方面		
● 财务报表 ● 担保登记 ● 绝对和相对比率分析 ● 分类比率分析 ● 现金流分析 ● 可持续增长率 ● 股票收益情况 ● 成本		

你可以从调查和基准研究中了解有用的信息种类和来源。不过，信息需求将在很大程度上取决于具体行业，甚至是具体企业，而且它会随着时间的变化而变化。

与直觉相反，这一步需要的多数信息已经存在于你们公司内部。也就是说，销售人员、市场营销人员、业务员，或许公司的每个人都拥有有价值的竞争信息。在这些竞争信息的主要来源中，更为重要的是你们公司自己的客户和供货商。

步骤四：对搜集的信息进行竞争者分析

图 4—1 描述的波特框架可以被用来指导分析所搜集的信息：

● 未来目标。确定你们竞争者的未来目标有助于预测他们的战略，认清你们公司的战略。为了了解竞争者的发展方向，需要弄清他们的市场份额、利润率以及组织绩效。此外，还要弄清他们关键的发言人在未来发展方向方面的言论，以及他们如何看待自己在未来的表现。

- 当前战略。第一，要确定公司采取的是这三个战略中的哪一个（低成本、差异化或者焦点战略）。要认清目前采取的战略，这可以依据对方的言行来判断。第二，要认清战略对竞争者业务的每个职能领域意味着什么。业务的职能领域包括营销、销售、操作、管理、生产、研发、财务或者人事。

  竞争者声称的短期目标是什么？首先要识别他的未来目标与当前行动的差异，是否有协同。如果有，这么做有意义吗？或者他是否需要作一重大转变以实现其长期目标？他的短期行动是否与其未来目标一致？请记住，在缺乏具体的变化推力下，可以认为，企业将在未来继续保持过去的竞争方式。

- 能力。运用搜集来的有关当前战略的信息，分析一下竞争者正在做什么，以及他有能力做什么。这是关于运用能力、技能以及资源去实现当前战略和未来目标的问题。尽管竞争者可能会宣布他的战略意图，但是他目前也许不具备实现这些目标的能力，因此可以对其战略意图提出质疑。

- 竞争设想。竞争者对其本身、行业以及其他竞争者的竞争设想，对认识潜在的错误设想或者盲点，可以为你提供很多有用的见解。这些盲点通常能够提供竞争机会，而这也是分析的关键。竞争者对其企业作了哪些设想？这些设想反映在当前及未来的战略上了吗？如果他的能力、当前战略及未来目标不相匹配，就可以认清这些设想。另一方面，如果他的这三个方面非常和谐一致，那么他可能会成为一个劲敌。不过，所有企业对世界和未来都作了设想，这些设想需要弄清楚。

  竞争者分析的关键问题是你如何理解竞争者提出的设想。这些设想可能会让你看清他们的竞争方式以及他们对市场看法的根本弱点。要想迎战竞争者，要想对竞争者作必要的了解，需要回答这些问题，如"他们对自己的位置满意吗？""他们的计划是什么？""他们的弱点是什么？"等等。

可以把这四个分析结合起来，形成一个竞争者的剖面。这么做的目的是能够比较准确地预测竞争者对各种竞争压力的反应。

第一，确定竞争者的进攻方式，以此来预测他们可能采取的行动。第二，确定竞争者的防御方式，以此预测他们对不同竞争压力的可能反应。

在作这些判断时，质化因素往往比量化因素重要。

步骤五：恰当适时地把你的观点告诉决策者

直观描述比书面报告效果好。图 4—2、图 4—3、表 4—2 描述了三种格式化图解。

- 比较网格。在高/低变量和自变量的十字交叉轴上画出竞争者的位置（绩效、能力及成功的主要因素等）。根据运用情况，可把企业绩效或行业平均水平作为参照点。比较网格很好地描绘了跨越两个竞争参数的相对绩效（见图 4—2）。

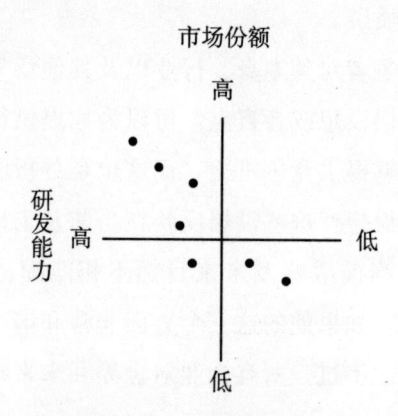

图 4—2　比较网格图

- 雷达图。为了了解更多的信息,常常用雷达图来显示分析情况。雷达图包括一个圆,圆周上有几个点,代表围绕竞争参数的行业平均水平。添加在这些圆上面的是几何图形,代表被分析的企业或者竞争者的绩效。几何图形与圆重叠的部分简洁直观地描述了相对绩效是优还是劣(见图4—3)。

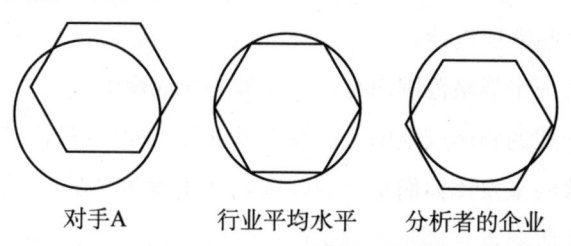

对手A　　　行业平均水平　　　分析者的企业

图4—3　雷达图

- 竞争者优势直观网格图。竞争者优势网格图是一个简单有效的方法,依据任何数量的竞争参数来描述竞争企业之间的相对优势,用分派色幅(或符号)的方法来表示相对的竞争劣势、优势以及势均力敌的状况。这个图描述了竞争者之间相对竞争优势的范围(见表4—2)。

表4—2　竞争者优势直观网格图(为南安大略湖的比萨外送店的情况)

KSF		阿尔曼多 (Armando's)	达美乐 (Domino's)	小凯撒 (Little Caesar's)	必胜客 (Pizza Hut)	比萨王 (Pizza King)	比萨比萨 (Pizza Pizza)
1	提供产品的广度	<	>	<	★	●	>
2	地理范围	●	★	>	>	<	<
3	品牌识别	●	★	>	>	<	<
4	产品质量	★	<	●	<	>	>
5	生产和送货可靠性	<	>	>	★	●	>
6	供应链管理	<	>	★	>	●	<

注:★级别最高;>高于平均水平;<低于平均水平;●级别最低

这些图表以及类似的直观描述将有助于在战略制定过程中推动头脑风暴会议。

鉴于环境和竞争情况瞬息万变,只有当竞争者的情报及时到达相关的战略决策者手里时，情报才是有价值的。从这个意义上讲，及时和相关性比完全准确性更为重要。

步骤六：根据分析来制定战略

在这一阶段，围绕几个需要考虑的竞争事项，可根据竞争者的情况来制定战略，这些事项包括：

- 确定在那个战略范围内有可能采取的交战规则；
- 选择交战的领域或范围——在哪里进行、如何进行、竞争者是谁；
- 制定战略来发挥你们企业的强项，利用竞争者的弱项，消除竞争威胁、克服弱点。

如果竞争者决定阻碍你的战略实施，你要迫使对方作出代价高昂的战略调整。

步骤七：继续关注竞争者，仔细观察潜在竞争者

可以设想，竞争者也在同一时间对你们企业作类似的分析。对竞争者进行不断的关注，这个理由足够了。不稳定的市场、异常激烈的竞争、行业变化以及正在分离的价值链都为不断关注现在的和潜在的竞争者提供了充分理由。

案例分析

如本章所述，竞争者分析的主要目的是了解竞争者对你们企业行动的可能反应，以及如何让竞争者的行为有利于你。目标和设想是驱动竞争者前进的动力，战略与能力决定了竞争者正在做什么以及能做什么。你如何能够真正理解竞争者的行为？可以把竞争者分析（见图4—1）看作四组内容不同的方框：

第一组＝未来战略/目标/理念

第二组＝当前战略

第三组＝当前的能力和资源

第四组＝管理层的设想

这个分析需要第一、二、三组的信息比较（步骤三）。

如果企业管理者了解他们的竞争环境，并且在经过缜密考虑后制定了一个清晰的增长战略，他们会发现第一、二、三组相互匹配而且形成一个整体。这表明管理层的设想（第四组）是最低限度的，而这样的企业则是非常有竞争力的。

如果第一、二、三组不匹配，你就要必须了解什么设想在推动管理层，也就是第四组。通过了解管理层的设想，你可以了解推动竞争者行为的动力。

竞争者分析可以在下列事例中得到最好的解释。

中国手机市场

这是对中国手机市场的一个企业进行的竞争者分析。下面简单介绍这个企业的信息：

未来战略/目标/理念（第一组） 成为全球手机市场老大	目前的战略（第二组） 提供最低价位的手机
管理层的设想（第四组） 必要时中国政府会继续提供额外资助	目前的能力和资源（第三组） 公司的财务负担非常重，根据目前的财务状况，公司无力偿还债务

第一、二、三组的主要信息表明，这三项是不匹配的，也就是说，如

果竞争者无力偿还现有债务,如何在提供最低价位手机的同时成为国际级企业呢?所以说,该企业内部存在着一个重要设想。这个设想可能与不再有效的文化推动力有关,而是给其他竞争者开启了机遇大门,即后者会提出购买该企业的部分业务,该企业借此来减少债务,依靠政府提供额外资助。

通过这个事例,我们对这个分析方法进行了简单回顾,在为第一、二、三组搜集信息时,我们发现每个方面的广度和深度都是很重要的,原因如下:

- 未来战略/目标/理念。如果竞争者着眼于实现短期财务目标,那么他可能不愿意在应对竞争进攻时花很多钱,而是把重点放在他能够保护的产品上。此外,没有短期利润率目标的企业可能愿意参加毁灭性的价格战,而在这场价格战中,没有企业能够盈利。

  竞争者目标一般包括财务问题、增长率、市场份额和技术领先地位。目标可能与每个级别的战略相关——企业战略、经营单位的战略以及职能部门的战略。

  什么职能被认为是最重要的?竞争者的组织机构能够提供答案的线索。比如说,直接向 CEO 报告的职能部门与那些向高级副经理报告的职能部门相比,有可能被赋予优先权。

  显示竞争者目标的其他指标包括风险承受度、管理激励、高管的背景、董事会的组成情况、法律或合同限制条件,以及有可能影响竞争经营单位的任何额外的企业目标。

  竞争者能否实现他的目标将表明他改变战略的可能性有多大。

- 目前战略。要想揭示竞争者的战略,有两个主要迹象可循,那就是其言行。竞争者谈论自己战略的言论可以出现在:

  ◆ 给股东的年度报告;

  ◆ 财务报告;

  ◆ 与分析师的谈话;

  ◆ 管理人士的讲话;

◆ 新闻发布会。

然而，所声称的战略常常与竞争者真正实施的不一样，这可以从其现金流向明显地看出来，比如下面的一些行动：

◆ 招聘活动；

◆ 研发项目；

◆ 资本投入；

◆ 营销活动；

◆ 战略伙伴关系和/或战略同盟；

◆ 并购。

● 当前具有的发展能力和资源。了解竞争者的目标和当前战略对了解他想如何应对竞争进攻是非常有帮助的。不过，他的资源和发展能力将决定他有效回应的能力。

分析竞争者的能力可以根据他在各个职能领域的优势和劣势来进行。可以对竞争者在某些领域提高其潜能的能力进行深入分析，并作一评估。此外，也可以作财务分析，揭示竞争者的可持续增长率。

由于竞争环境是动态的，你需要了解竞争者对变化的快速反应能力。导致企业反应迟缓的因素包括低现金储备、在固定资产上的巨额投资，以及妨碍快速行动的组织机构。

● 管理层的设想。竞争者的管理层对自己企业和本行业作的设想将有助于界定他们的行动。比如说，如果同行业中的一个企业推出的新产品失败了，同行业中的其他企业可能会认为这个产品没有市场了。这类设想并不总是准确的，如果不准确，就可能会出现机遇。例如，新的进入者可能有机会推出与以前没成功的产品类似的产品而没有遭到报复，原因是原来的那些企业也许不会看重来自新手的威胁。本田公司之所以能够凭借一款小型摩托车打入美国的摩托车市场，是因为美国制造商凭他们过去的经验认为小型摩托车在美国没有市场。

竞争者的设想依据有很多，比如：
- 对其竞争地位和其他竞争者的看法；
- 关于产品或者服务的过去经验；
- 地域因素；
- 行业发展趋势；
- 企业的文化和历史。

竞争者分析的结果是对竞争者可能采取的行动制作一个反应概括图。这个概括图既包括潜在的进攻行动，也包括防御行动。竞争者分析的最终目标是提高预测竞争者行为的能力，甚至影响竞争者的行为，使之有利于自己。

第五章　财务比率与财务报表分析

描述与目的

企业公布的年度报告和账目通常有很多令人困惑的数字，这些数字往往使人很难对其进行分析。**财务报表分析**能让管理者们了解企业的财务绩效、竞争情况和未来前景。此外，也能让管理层了解企业的财务决策和经营业绩。**比率分析**能让人了解企业财务报表中两个或多个数量之间的关系。

财务比率与财务报表分析中的基本概念

反映资产与对资产的要求权之间关系的基本等式被称为**会计恒等式**：

　　资产＝负债＋所有者权益

资产一般可分成三类：

- 流动资产，指的是现金和其他有望在一年内转化成现金的资产，如有价证券、应收账款、应收票据、存货和预付费用。
- 固定资产，指的是具有比较长的寿命、在商品和服务的生产或销售中使用的企业资产，如设备、机械、办公家具、土地和厂房。
- 非流动资产，证券投资和无形资产，如专利权、特许经营费和版权。

负债一般可分成两类：

- 流动负债。所欠债权人的一年内到期的债务。
- 长期负债。一年内尚未到期的债权人的债权，如债券债务、银行长期贷款和抵押贷款。

所有者权益是企业所有者对企业的要求权,是指资产减去负债后的余额。这个余额会因企业获利而增加,因企业亏损而减少。

财务报表组成要素

分析师通常使用的报表包括损益表、资产负债表、财务状况变动表以及所有者权益变动表。

- 损益表从**会计期间**的收入和费用角度概括了企业经营状况的结果。净收入是从收入和费用的应计计量中得出来的。损益表往往被看作是最重要的财务报表,因为它显示了股东在组织中的利润在扣除红利或与企业所有者的其他交易之后是增加了还是减少了。此外,损益表也能帮助使用者评估未来现金流的数量、周期和不确定性。
- 资产负债表显示了在某一特定时间企业拥有的(资产)以及对企业的要求权(负债和所有者权益)。从这个表中可以看出企业在某一特定时间点的财务健康状况。
- 财务状况变动表(亦称财务状况表)有助于解释企业如何盈利和支出。
- 所有者权益变动表显示一个时期的开始与结束时所有者权益的数量差。

把比率分析运用到财务报表中能让你对一段时期内的竞争成败、企业的发展情况作一判断。根据与同行业的其他类似企业相比较,对本企业的运行状况进行评估。它还可以帮助企业了解竞争者的优势和劣势。比如说,如果你发现某个竞争者在运行中存在的弱点,你的企业可以采取措施来利用这一点。

对比率是否合适进行评价

评价比率是否合适,有三个主要标准。

第一个标准是**企业的绩效历史**。把当年的比率与前几年的比率作一比较是很有用的。这么做能让你发现一段时期的发展趋势是否有利,同时也能认识到在固定的一段时期里发生多少大的变化。

第二个标准是**把企业与具体的竞争者作一比较**。如果竞争者是上市的企业，你要拿到它们的年度报告，然后把焦点企业的每个比率与每个竞争者的进行比较。要想认清焦点企业比具体竞争者做得是否更好，这么做是非常有帮助的。

第三个标准是**全行业比较**。你需要得到有关行业平均水平的数据，其中很多数据可以从互联网或政府部门那里得到。邓白氏企业（Dun & Bradstreet）和罗伯特·莫里斯协会（Robert Morris Associates）是两个商业数据的来源。它们搜集财务数据，按照行业计算比率，并公布计算结果。这些信息常常根据企业规模的大小而分类，并且在一定程度上能让你确定任何一个企业与标准的差距。

财务比率与财务报表分析法的优点

财务比率与财务报表分析是有用的信息超载工具。它通过如下两个方式在大量不相关的数据中找到模式：

- 把财务数据转化成容易处理的有价值的输出信息；
- 把动态的损益表和静态的资产负债表联系起来，合并成一个分析。

财务比率与财务报表分析的用途很多，很容易被运用到企业内部分析和对手的竞争分析以及行业结构分析。凭此分析，你能够确定企业通过实施一般战略能否成功，比如，为低成本生产者、定位于缝隙市场的企业或致力于产品或服务差异化的企业的战略能否成功判断。通过把财务报表分析与很多其他方法结合起来，如本书的其他章节中介绍的那些方法，你可以很好地了解企业的战略是否可行，以及竞争能否成功。

财务比率与财务报表分析法的缺陷

财务比率依据的是权责发生制的历史信息。就其本身而论，它们不能让分析师直接且深入地了解现金流，而现金流是价值管理的重要组成部分。对那些早期有比较大的负现金流并对现金需求很大的处在创业初期的企业来说，现金流更为重要。

此外，单单一个比率所提供的信息不足以让你对一个企业作出判断。要想作出这些判断，还需要额外的数据。

会计不会在资产负债表中把对企业的发展和福利至关重要的项目，如员工素质作为资产。实际上，财务报表忽略了这些越来越重要的无形资产——在信息或知识经济中，这是竞争优势的重要源泉。对那些拥有很高的品牌价值或企业声誉、技能熟练的劳动力或其他智能资本的企业来说，财务报表分析作为分析工具，本身是存在缺陷的。

不是所有财务报表都具有相同的质量。在不同的国家，负责报表的部门和会计主管有不同的要求，这给对它们进行比较增加了难度。经审计的财务报表能给你提供比较准确的财务信息。不过，除了每股收益比率，发布的比率一般不经过公开审计。

过分依赖行业标准不是最好的做法。尽管用行业标准来评价企业与同行业其他企业相比的财务绩效是非常重要的，但在解释结果时应该谨慎。如果分析师过度依赖行业标准，会存在把企业引向地狱的风险。迈克尔·波特把这种状况恰当地描述为"陷在行业利润抛物曲线的中间"。要想知道这种情况是如何发生的，可以设想一个行业，其中一半竞争者采取低成本策略，另一半采取差异化策略。按照定义，企业的比率与行业标准所进行的比较，是以平均绩效为标准的。实现这些平均水平的目标将必然把企业降到行业利润曲线的最低点，一方面，企业的平均成本结构会高出追求低成本的企业；另一方面，表现好的企业会超过企业差异化的平均水平。

在使用行业标准时，你还必须意识到，与不同的产业集群进行比较——与产业集群之外的竞争者进行直接的财务比较，也许只能提供短期的低效用。如果当竞争者由于选择低成本、差异化或焦点战略而在行业利润曲线的不同位置运行时，即便在产业集群内部进行比较，也是困难重重。此外，由于多数行业标准都是从汇总的财务报表中计算出来的，参照多元化企业对某一企业的财务绩效进行评估，如果它们的经营范围完全不同，这种比较会极其不具有可比性。

与企业过去的业绩进行内部比较也是危险的。这个危险有几种表现，其中一种是由于好像有了长足进步而产生自满，实际上相对于竞争者的表现更差了。这个问题尤其在快速增长的市场里普遍存在。在这些市场中，相关的竞争绩效不尽相同，这些差异也许在短期内不会给企业带来损失，但将给长期的竞争定位带来严重后果。

此外，你还应该谨慎考虑不同的管理方式对财务报表反映的运行结果造成的影响。在股东人数有限的企业里，财务报表普遍反映出企业主或者管理高层的选择很随意。有时需要对财务报表的表述进行重大调整，以便准确描述企业的经营状况。

选择哪个会计方法，这对损益表报告的收入和资产负债表报告的资产价值可能会产生重大影响，尤其是在作国际竞争者比较以及当竞争者拥有跨国业务，并且可能采用不同的会计制度时，更是如此。其他技术方面的考虑可能会歪曲比较的有效性，这包括所有企业存在不同的会计政策（不同的折旧明细表、存货计价、估价现值）、账目分类或年度结束日期。

即便企业的财务比率看似与行业的平均水平一致，这也不意味着企业不存在财务或其他战略管理方面的问题。例如，企业可能没有利用明显的差异化优势，而通过这个优势它可以超过行业绩效的平均水平。或者企业的财务状况此刻看起来很好，但重大的竞争威胁可能会在不久的未来逆转财务状况。

总之，当管理决策在市场上的作用很明显的时候，对于分析这些决策，财务比率分析是很好的工具，但它不能取代运用各种分析工具所形成的深刻看法。

如何操作

作财务比率与财务报表分析，可分成以下几步走：
- 必须选择合适的比率来分析；

- 必须找到适合计算比率所需的原始数据的来源，在有关竞争情报数据搜集过程的书上可以找到；
- 计算比率，并对比率进行比较；
- 为寻找机遇和发现问题，进行检查。

下面是分析财务报表常用的一些比率。表5—1把必用的一些公式进行了汇编。

表5—1	财务比率

活动比率或效率比率

平均存货投资期

平均存货投资期＝目前存货余额/销售商品的日均成本（COGS）

［销售商品的日均成本（COGS）＝年度COGS/365］

存货与销售比率

存货与销售比率＝存货/当月销售额

周转率分析

存货周转率＝销售/成品存货

应收账款比率

平均收款期

平均收款期＝目前应收账款余额/日平均销售收入

（日平均销售额＝年销售额/365）

应收账款与销售额

应收账款与销售额比率＝应收账款/销售收入

应收账款周转率

应收账款周转率＝应收账款/日均销售收入

资产周转率

资产周转率＝收入/资产

杠杆或者偿债能力分析比率

债务与权益比率

债务与权益比率＝债务总额/股东权益总额

续前表

杠杆或者偿债能力分析比率
债务比率
债务比率＝债务总额/资产总额
固定费用保障倍数
固定费用保障倍数＝$\dfrac{\text{支付税收和利息之前的利润}＋\text{租借债务}}{\text{全部利息费用}＋\text{租借债务}}$
利息偿付比率
利息偿付比率＝营业利润/利息费用
流动性分析比率
流动比率
流动比率＝流动资产总额/流动负债总额
速动比率
速动比率＝$\dfrac{\text{现金}＋\text{政府债券}＋\text{应收账款}－\text{存货}}{\text{流动负债总额}}$
流动资金
流动资金＝流动资产－流动负债
盈利能力分析比率
资产收益率
资产收益率（ROA）＝净收入/资产总额
投资收益率（ROI）/股本回报率
股本回报率（ROE）＝净收入/股东权益总额
毛边际利润率
毛边际利润率＝毛利润/销售收入
其他分析比率——资本市场或者股东回报率
每股收益
每股收益＝$\dfrac{\text{净收入}－\text{优先股红}}{\text{已发行股票的平均股数}}$
市盈率
市盈率（P/E）＝当前股价/每股收益

活动比率或效率比率

这包括存货周转率、应收账款周转率、固定资产和总资产周转率。

存货

根据企业的性质（零售商、批发商、服务或制造企业），存货管理效率可能对现金流会产生重大影响，并最终关系到企业的成败。

- 平均存货投资期

    平均存货投资期＝目前存货余额／销售商品的日均成本

这是衡量把用来购买存货的一美元现金外流量转换成一美元销售额或者从销售存货应得的一美元应收账款所需的时间。

平均存货投资期与应收账款平均收账期有些类似。较长的平均存货投资期需要对存货进行较多的投资。对存货进行较多的投资意味着可供其他现金外流量的现金减少，比如用来付账单的现金减少。

- 存货与销售比率

    存货与销售比率＝存货／当月销售额

这是相对于企业的月销售额，企业对存货的投资情况。这个比率有助于弄清近来存货的增加情况，是弄清存货水平近期变化的一个非常便捷的方法，因为它使用了每月的销售和存货信息。

这个比率将有助于预测与企业存货有关的现金流的早期问题。

不过，只有当手头信息是根据前一年的存货信息时，才可以用这个比率来提供大致的指导方向。

- 周转率分析

    存货周转率＝销售／成品存货

这是评估组织对存货投资的最基本工具。它有助于你判断企业对某一个存货商品或一组商品的投资是过多、过低还是正好。从现金流的角度来看，进行周转率分析对发现库存过多的商品特别有用。

应收账款

应收账款代表尚未收上来的销售款。如果企业通常给客户提供货款，应收账款的支付额很可能是它唯一的最重要的现金流入的来源。

下列分析工具对确定企业的应收账款对其现金流的影响是有帮助的。

- 平均收款期

    平均收款期＝目前应收账款余额/日平均销售收入

    （日平均销售额＝年销售额/360）

这是关于把平均销售收入转换成现金所需的时长。这个测量方法界定了应收账款与现金流之间的关系。较长的平均收款期需要对应收账款进行较高投入。对应收账款的较高投入意味着可供外流的现金减少。

- 应收账款与销售额比率

    应收账款与销售额比率＝应收账款/销售收入

这是相对于企业的销售额，企业对应收账款的投入情况。它有助于你弄清近来应收账款的增加情况，可以让你快速轻松地核查近来的任何变化。应收账款与销售收入比率的最新信息将很快显现与企业的应收账款相关的现金流问题。

- 应收账款周转率

    应收账款周转率＝应收账款/日均销售收入

这是企业收取他人赊欠的销售款项所需的时长。

资产周转率

这是销售收入（损益表上的）与企业资产（资产负债表上的）价值的比率：

    资产周转率＝收入/资产

这个比率显示的是企业利用资产创造销售收入的情况。一般情况下，这个比率越高越好，因为高比率表明，相对于每一美元的销售收入，企业有更少的资金套在资产上。如果该比率下降，可能意味着企业对厂房、设备或者其他固定资产的投资过多。边际利润率较低的企业往往拥有较高的资产周转率，而那些边际利润率高的企业则有较低的资产周转率——这显示的是定价策略。在计算这个比率时，如果把会计期间始末的总资产进行平均核算，这对核算总资产是很有帮助的。

这个比率显示的是企业利用所有企业资产去创造收入的情况，而不是利用存货或固定资产去创造收入。高资产周转率意味着较高的资产收益率，后者可以弥补较低的边际利润率。

杠杆或者偿债能力分析比率

常用的偿债能力比率指的是债务与权益比率、债务比率、偿付固定费用能力比率以及利息偿付比率。

设计这组比率的目的是帮助你评估企业面对的财务风险。在这里，财务风险指的是在不考虑现金流的情况下，企业对必须担当的债务承担的程度。通过看这些比率，分析师能够断定企业的债务水平是否合适。

- 债务与权益比率

$$债务与权益比率 = 债务总额 / 股东权益总额$$

这个比率显示的是企业用来提高利润的财务杠杆的力度。它测度的是债权人提供的资金与企业主提供的资金的相对关系。

如果债务与权益比率提高，这可能表明购买存货引发债务进一步增加，或者应该减少固定资产。

要想改善这个比率，既要偿还债务，也要在资产负债表日之后提高企业持有的收入。

- 债务比率

$$债务比率 = 债务总额 / 资产总额$$

这个比率比较的是债权人为资产融资的比例与企业主融资的比例。从历史上看，50%的债务比率被认为是警戒线。较高比率说明杠杆可能被过度使用，也可能说明在偿付债务方面存在着潜在问题。

要想改善这个比率，既要提高企业的资产价值，也要偿还债务。如果选择偿还债务，不仅可以改善目前的比率，而且能够改善债务股本比。

- 固定费用保障倍数

$$固定费用保障倍数 = \frac{支付税收和利息之前的利润 + 租借债务}{全部利息费用 + 租借债务}$$

这显示的是企业应对各类固定融资开支的能力，数值越大越好。

显然，如果企业没有能力应对任何固定融资开支，企业经营难以保持良好的状态。很多现在运行的经营资本贷款协议都规定，企业必须把这个比率保持在规定的水平上，这样贷方在某种程度上能够保证企业继续有能力偿还债务。

- 利息偿付比率

利息偿付比率＝营业利润/利息费用

这个比率也称为利息保障倍数比率，与固定费用保障倍数相似，但它更加看重企业偿还债务的利息部分。

通过比较营业收入与利息费用之比，你可以测算企业的营业所得支付利息费用的倍数。这个比率越高，企业缓冲的力度就越大，企业就越有能力偿还利息费用。如果在一段时间内，这个比率下降，这表明企业的财务风险在增加。

流动性分析比率

这些比率显示的是把资产转化成现金的能力，包括流动比率和速动比率。流动性比率有时也称为营运资金比率（流动资产与流动负债之间的差异）。一般情况下，比率越高越好，特别是当企业依赖债权人来为自己资产融资的时候。

- 流动比率

流动比率＝流动资产总额/流动负债总额

这是衡量财务能力的最常用的指标之一，能够很好地显示企业偿付短期债务的能力。

这个比率提出的主要问题是："在流动债务到期之时，企业有足够的流动资产来偿付吗？并且拥有安全边际来应对流动资产可能遭受的损失，如存货缩减，或者可收回账款吗？"这个比率越高，企业就越具有流动性。普遍认可的流动比率为2∶1。不过，具体的比率是否令人满意要看企业的性质和其流动资产以及流动负债的特点。能让人接受的最低比率为1∶1，但这个比率通常意味着存在潜在的风险或问题。

- 速动比率

$$速动比率 = \frac{现金 + 政府债券 + 应收账款 - 存货}{流动负债总额}$$

这个比率也称为酸性测验比率，是测量流动性的最佳指标之一。它描述的是企业把流动资产变成现金的速度。

与流动比率相比，速动比率更为精确。速动比率把存货排除在外，主要关注价值相当稳定的具有高流动性的资产。速动比率有助于回答这个问题："如果所有销售收入停止了，企业能否用现有的易于兑换的'速动'资金来偿付流动债务？"

酸性测验比率1∶1被认为是令人满意的，但条件是企业的多数"速动资产"在应收账款里，而且应收账款的回收模式滞后于偿付流动负债的时间表。

- 流动资金

$$流动资金 = 流动资产 - 流动负债$$

这是企业用来建立企业、投资发展、创造股东价值的流动资产的数量。

检查流动资产和流动负债的最佳方式便是把二者合并成"流动资金"。流动资金可以是正的，也可以是负的。如果企业拥有大量正的流动资金，这说明它手头有现金来支付所需的物品。如果企业拥有负的流动资金，这说明它的流动负债多于流动资产，它就没有能力购买所需的物品。流动资金为正的竞争者的运行情况往往好于流动资金为负的企业。

盈利能力分析比率

这些比率可能是衡量企业财务是否成功的最重要的指标，它们展示的是企业的绩效和发展潜力。在这些比率中，最常用的有资产收益率、股本回报率、边际利润率（可以是毛利润率的形式，也可以是净利润率的形式）和资产周转率。

- 资产收益率

　　资产收益率（ROA）＝净收入/资产总额

这是净收入与资产总额之间的比率。它衡量企业使用资产创造更多收入的能力。它可以被看作是两个比率的结合，即净边际利润率（净收入与销售收入之比）和资产周转率（销售收入与资产总额之比）的结合。高资产收益率会带来高边际利润率、较快的资产周转率或二者的结合。

- 投资收益率（ROI）或股本回报率（ROE）

　　投资收益率(ROI)或股本回报率(ROE)＝净收入/股东权益总额

这是净收入（来自损益表）与净值或者股东权益（来自资产负债表）之间的比率。它表明企业在会计期间在业务上的投资收益。这个比率比较了企业的股本回报率和同一个会计期间在股市的收益。从长期看，企业应该至少创造与比较被动的投资如国债相同的收益。高股本回报率可能是高资产收益率、广泛使用债权融资带来的结果，或者是二者的共同作用。

在分析股本回报率和资产收益率时，还要考虑通货膨胀对资产的账面价值的影响。由于财务报表提供的是所有资产的账面价值（原始成本减去折旧），很多较旧资产的重置价值也许会很高。资产较旧的企业一般比资产较新的企业显示出比较高的收益率。

- 毛边际利润率

　　毛边际利润率＝毛利润/销售收入

这是扣除主营业务成本后的销售收入。如果在一段时间内，企业的毛边际利润率下降，这可能意味着存货管理需要改善，或者企业销售价格的提高速度比不上所销售商品的成本上升速度快。如果企业是制造商，这可能意味着生产成本上升的速度高于价格的上升速度，需要对其中的一方面或两方面进行调整。

净边际利润率显示的是企业的底线：企业主从营业的一美元销售收入中最终能够拿到多少或者作为红利拿到多少。这个比率考虑到了企业的所有费用,包括收入所得税和利息。

你应该对企业的边际利润的预期范围有所了解,历史数据会在很大程度上确定这个范围。如果企业没有实现其目标,这表明它制定的目标不切实际,或者管理不善。不过,这个比率本身不会指出企业在**哪方面做错**了,看毛边际利润率或营业利润率是解决此问题的较好办法。

利润的绝对水平可以衡量一个企业的规模,但其本身并不能说明企业的绩效如何。要想评估利润水平,必须把利润与企业的其他方面进行比较并联系起来。此外,必须把利润与投在营业中的资本数量和销售收入相比较。

盈利能力比率肯定会反映当时的经营环境。所以,在考虑一个企业在一段时期内的盈利能力趋势时,必须要考虑经营环境、政治和经济环境。通过与同行业的其他企业进行比较能够看出,与处在同样经营环境里的其他企业相比,本企业的管理情况如何。

其他分析比率——资本市场或者股东回报率

运用资本市场或股东回报分析比率对投资者的重要性可能高于对战略分析或者竞争分析的重要性。这些比率往往被认为是衡量投资而不是绩效的指标。

- 每股收益

$$每股收益(EPS) = \frac{净收入 - 优先股红利}{已发行股票的平均股数}$$

每股收益显示的是企业的盈利能力。企业收益是支付费用后的销售收入或投资收益。在评估企业收益时,企业经营业务的方式是很重要的。如果企业把大量资源用在开发新产品上,它的收益也许比较低,但当新产品的销量提高、利润增加的时候,这种情况就会改变。与此同时,收益很高但对经营投入不足的企业也许在未来会面临重大问题。

- 市盈率

$$市盈率(P/E) = 当前股价/每股收益$$

市盈率也往往被称为"盈利倍数"。每股收益数一般来自最近四个季度（当前市盈率），有时也来自对接下来四个季度收益的预测估值（预估市盈率），或者来自过去两个季度的数值和未来两个季度的估值。

在很大程度上，高市盈率意味着未来的高预测收益。市盈率本身提供不了多少信息，但把同行业其他企业的市盈率与整个市场状况，或者与本企业的历史市盈率进行比较，是很有用的。

比率方法或量度标准之比较

每个比率本身并没有多大意义，但把比率进行比较，对有效的财务比率分析是很重要的。要想克服分析方面存在的短视行为，很有帮助的解决方法便是兼顾行业标准、历史分析/内部基准化分析法和外部竞争基准分析方法。

使用财务比率，有两个基本方法：第一个方法是把企业的比率与同行业的其他企业进行对比，第二个方法便是把企业现在的比率与其过去的绩效比率进行对比。

行业比较

通过行业比较，我们能够看到企业绩效与其他竞争者的关系，看清它们经营效率的差距。一旦发现问题，企业能够采取行动来予以纠正。这些行业平均值可以在《邓白氏主要营业比率》这样的出版物上找到。

有几个途径能够获得财务比率或者行业和企业的对比情况，有些是免费的，有些是收费的，具体情况可见表5—2。

表5—2　　　　　　　　行业比较的信息来源

来源	免费/收费
雅虎财经在Capital IQ中提供企业信息，给用户提供了超过9 000个上市公司的信息，包括联系方式、经营概况、执行官和员工信息、部门和行业分类、公布的经营和收益概要、财务统计数字和比率。雅虎根据Commodity Systems，Inc.（CSI）提供的历史数据增加了股票分析图以及与其他资源的联系。 可登录http：//biz.yahoo.com/i/。	免费

续前表

来源	免费/收费
《华尔街日报》在其网站上提供了比率。估价和比率网页提供了评估股票价值和公司价值所需的大量数据。统计数据对季度、财政年和过去12个月的数据进行比较。除了最新数据之外,可查到过去五年的市盈率。季度和年终数字分别来自10－Q和10－K SEC。 可登录 http：//online.wsj.com/。	免费
File 101 DISCLOSURE DATABASE® 提供了大约12 000个上市公司的经营和财务信息。这些信息来自美国证券交易委员会（SEC）出具的报告。财务信息包括年度资产负债表和季度资产负债表、收入和现金流报表（以报表的格式）、年度财务比率和周市盈率信息。 可登录 www.dialog.com。	收费
File 519 D&B—Duns Financial Records Plus ® （DFR）提供了超过290万个私企和上市公司长达三年的综合财务报表。根据公司的情况不同,提供的信息包括资产负债表、损益表,以及14个最被广泛使用的用来衡量偿付能力、效率和盈利能力的营业比率。 可登录 www.dialog.com。	收费
Key Business Ratios on the Web 是一个在线分析工具,能够迅速提供竞争基准化数据,这些数据每年更新两次。你可以查到D&B数据库编制的私企和上市公司的行业基准点,选自800多个经营范围的14个重要的营业比率（选择一年期或三年期的比率）。 可登录 http：//www.dnb.com/us/dbproducts/sales_marketing/research_verify/key_business/。	收费
Almanac of Business and Industrial Financial Ratios 是确定衡量企业绩效和价值标准的第一步。综合资源给从业者提供了50个绩效比较指标,用NAICS数据覆盖了全北美（美国、加拿大和墨西哥）。Almanac 提供的财务信息是用最新的IRS数据计算得出的,这些数据涉及几乎500万个美国公司和跨国公司。Almanac 给你提供了199个行业的50个运行因子和财务因子的准确绩效数据。 可登录 www.amazon.com。	收费

第五章　财务比率与财务报表分析

续前表

来源	免费/收费
Annual Statement Studies：Industry Default Probabilities and Cash Flow Measures，2005—2006 是 Annual Statement Studies® 的原始版，是财务比率基准的唯一来源，直接出自 19 万个金融机构的借款人或者潜在客户的报表。这些财务报表被会员机构直接交给地区人力管理局（RMA），数据是这些会员机构直接从所服务的企业那里得到的。这些报表最初由罗伯特·莫里斯协会（Robert Morris Associates）制作的，现在可以从风险管理协会（Risk Management Association）那里得到。 可登录 http：//www.rmahq.org/RMA/。	收费
QFR：Quarterly Financial Report for Manufacturing，Mining and Trade Corporations 可以从美国人口普查局（US Census Bureau）在线进入。它为资产至少有 500 万美元的企业提供了收入和存留收益的估值报表、资产负债表以及相关的财务比率和运行比率。 可登录 http：//www.census.gov/csd/qfr/。	免费
The Value Line Investment Survey 是一个综合网站，提供了大约 1 700 种股票、90 多个行业、股市和经济的信息和建议。 可登录 www.valueline.com。	收费
Standard & Poor's Industry Surveys（标准普尔行业调查）是跟上影响北美和全球最大 50 个行业的企业和事件的脚步的最快捷方式。每份报告都出自标准普尔行业调查分析师之手，包括以下几个方面：当前环境、行业趋势、行业运行方式、主要的行业比率和统计数字、分析企业的方式、行业术语表、附加的行业信息查询，以及企业财务比较分析。 可登录 clientsupport@standardandpoors.com 或者 http：//sandp.ecnext.com/coms2/page_industry。	收费
Worldscope Fundamentals 提供的信息非常广泛，包括财务比率（年度和五年平均值）、增长率、利润率、杠杆比率、资产流动性、资产运用效率、外企统计数字、贷款损失和存款（针对银行）、盈利资产（针对保险公司），以及财务比率的注释。 可登录 www.thomson.com。	收费

续前表

来源	免费/收费
Integra Information 主要关注的是美国的私企，所搜集的信息来自政府部门〔包括美国国家税务局（IRS）〕和很多其他渠道——32个不同的数据来源。Integra 信息库代表了在 900 个行业中经营的 450 万个私企的财务绩效。可登录 www.integrainfo.com。	收费

贸易协会和企业常常为其行业计算比率，并把计算的结果提供给分析师。此外，网上公布的财务报表也为这些数据来源没有涵盖的企业提供了原始信息。

为了应对某一行业内规模反差巨大的企业，制作"共同比财务报表"是很有用的。共同比为 100。这个程序可以帮助你识别什么时候竞争者偏离了行业标准，让你提出明确的问题，以便对造成这种现象的原因进行了解。

跨时绩效

此外，通过对比企业目前的绩效和过去几年的表现，你也可以发现问题。这会显示企业在问题解决方面的进展情况。通过观察过去的趋势，企业可以确定其实现目标的效率。在作比较时，你应该使用同一个时间段。如果不这么做，由衰退或季节性波动产生的影响会导致错误的结论或错误的判断。

合并分析与分部分析

按照法律规定，上市公司的财务报表除了提供整体的经营状况之外，还需要提供局部分析。多数国家都要求上市公司提供足够的信息来解释企业 3/4 的收入。不过，由于分部信息的竞争敏感性，上市公司与法律规定往往貌合神离，也就是说，对所有权的关心胜于公众对信息的需求。因此，分部报告只包括关于每个部门的收入、净收入和总资产的最基本的信息。除了这些少得可怜的信息之外，分布报告还可能提供有关行业和本企业的设备和客户的地理分布信息。

尽管在把本企业与多元化的对手进行比较时，分部报告比整体信息更具价值，但也不应该过分依赖它，因为它的准确性和可比性非常小。原因是分部收入可能来自企业内部的转移价格，而外部的分析师不会了解其分摊成本的依据。

尽管需要把分部信息统一到合并财务报表里，但分部数据不能提供足够的信息来计算很多比率。此外，即便能够计算比率，但在依据分部数据作比率分析时，也要保持清醒的头脑，要认识到这些局限性。

别忘了，企业的财务报表只不过是分析的起点。如果报表显示在过去的几年里应收账款呈急速下降的趋势，那么这可能意味着企业正积极地收款（这是好事），也可能意味着企业很快把账款作为呆账勾销了（这是坏事）。单个数据本身不好也不坏，你要深挖数据后面的原因。使用 FRSA 的关键在于发现趋势和反常现象，然后追踪这些变化作进一步调查。

为了完成整体工作，你必须获取更多有关企业的产品、人员、技术以及能够提供竞争优势的其他资源的信息。补充信息的最佳来源之一是年度报告中不涉及财务的部分。这部分内容往往提供管理高层对企业的未来和竞争力的大致看法。

FRSA 是比较宏大的一体化财务报表分析规划的重要部分。这个计划应该包括如下几个关键步骤：

1. 确定财务报表分析的目标；
2. 仔细考察本企业所在行业在当前及未来的经济情况；
3. 参考年度报告和提交给监管机构的文件，搜集有关管理和企业会计方法的信息；
4. 用本章提到的方法来分析财务报表；
5. 根据最初目标，得出相关结论。

案例分析　2005年的戴尔公司

为了评价戴尔公司在1998—2004年间的财务绩效，需要评估公司的财务报表。财务比率表明：

- 从1998财政年度至2004财政年度，戴尔收入的年均复合增长率为22.4%；
- 收益从1998财政年度的9.44亿美元增加到2004财政年度的26.45亿美元——年均复合增长率（CAGR）为18.7%；
- 摊薄每股收益从1998年的0.32美元提高到2004财政年度的1.01美元——年均复合增长率为21.1%；
- 2004财政年度的股东权益收益率为42.1%，2003财政年度为43.5%，2002财政年度为26.5%，2001财政年度为38.7%，2000财政年度为31.3%，1999财政年度为62.9%，1998财政年度为73.0%；
- 已发行股票的数量呈下降趋势；
- 边际利润率很高，自从2002年以来有所提高，但仍然赶不上1998—1999年的水平。

	2004	2003	2002	2001	2000	1999	1998
毛边际利润率	18.2%	17.9%	17.7%	20.8%	20.7%	22.5%	22.1%
经营边际利润率	8.6	8.0	5.7	8.4	9.0	11.2	10.7
净边际利润率	6.4	6.0	4.0	6.8	6.6	8.0	7.7

- 2002财政年度对戴尔公司来说不是很理想；
- 经营费用占销售收入的百分比呈下降趋势——这是效率提高的明显迹象；

1998	1999	2000	2001	2002	2003	2004
11.4%	11.3%	11.7%	11.9%	11.7%	9.9%	9.7%

- 公司的研发费用从1998年的2.04亿美元增加到2004年的4.64亿

美元，但占收入比例从 1998 年的 1.65% 下降到 2004 年的 1.11%；（是研发效率提高，还是戴尔对研发的管理责任减弱，抑或是对研发的需要降低？）

- 公司经营产生了正现金流——2003 财政年度为 35 亿美元，2004 财政年度为 37 亿美元；
- 公司的现金流很松，2004 年 1 月 30 日，戴尔拥有现金和有价证券 119 亿美元；
- 公司的长期债务很少——2004 年拥有债务 5.05 亿美元，股权权益为 63 亿美元，债务与权益之比很低。

财务比率和财务报表分析的结果表明，戴尔公司的财务绩效相当不错（除了 2002 财政年度），公司的整体财务状况很好——费用比例下降，长期债务很少，有 119 亿美元的现金和短期投资，从 2002 年以来边际利润率有所提高。

资料来源：A. A and J. E. Gamble, "Dell Inc. in 2005: A Winning Strategy?" Case Study 7, *Thompson*; *A. J. Strickland*, *Strategy*: *Winning in the Marketplace*, 2nd *Edition* (New York: McGraw-Hill/Irwin, 2006).

第六章 五力行业分析

描述与目的

五力行业分析法是由迈克尔·波特提出的,目的是让你了解某一行业及其参与者。行业分析的目的是分析那些最终影响行业利润潜力的经济力量和市场力量。认清一个行业的利润潜力或"吸引力",为缩小企业的外部环境与内部资源的差距提供了依据。

波特给五种力量或称"行业竞争规则"进行了分类,具体分类如下:

1. 新进入者的威胁;
2. 供应商的议价能力;
3. 购买者的议价能力;
4. 替代产品或服务的威胁;
5. 现存竞争者的竞争程度。

作这个分析的目标是:

- 认清某个行业的利润潜力;
- 认清危害你们企业在所在行业中盈利能力的力量;
- 维护并扩大你们的竞争优势;
- 对产业结构的变化作出预测。

正确理解五力对企业制定竞争战略是很重要的。该分析的最终目标是,通过开展竞争活动来应对,比较理想的是影响或改变这些力量,使之有利于你所在的企业。

下面分别探讨这五力各自的内容。

新进入者的威胁

在其他条件同等的情况下,与准入门槛较高的行业相比,新组织很容易进入的行业竞争更激烈。准入门槛的性质影响希望进入这个行业的企业所面临的困难程度。如果准入门槛很低,新进入者会提高对投入要素的需求和价格,从而导致比较低的行业盈利能力。新进入者一般面临几个准入门槛,诸如:

- 阻挡进入的价格。进入的成本超过预期收入——现有企业通常会降低其价格来阻挠新竞争者的进入。
- 现有企业的报复。现有企业往往具有丰富的资源和强大的意志力去打击新的进入者。
- 很高的进入费用。通常,创办费用的很大一部分都是收不回来的。
- 经验效应。现有企业积累的本行业经验往往可以转化成较低的成本结构。
- 其他成本优势。价值高的投入要素和供货商、专有技术或最佳位置可能都已经被现有企业控制。
- 产品差异。营销新品牌所需的高成本可能会成为很大的进入障碍,但拥有知名品牌、顾客忠诚度以及灵活地与其他产品进行品牌联合的现有企业,不会面临这样的障碍。
- 销售渠道。这包括需要对销售商进行奖励,来说服他们销售新产品。
- 政府。政府机构可以给现有企业提供补贴,强制企业遵守规章制度,或者制定限制进入的政策。
- 转换成本。客户转向新产品的费用会很高,或者很不方便。

供货商的议价能力

供货商有能力影响行业中企业所投入资源的成本、可用性和质量。如果考虑到这个能力,千万不要把供货商仅仅看成是提供原材料的人。这个群体也可以包括那些管理或提供劳动力的团体（例如，工会或专业团体）、地点（机场上的飞机降落位置），或频道（广播波段）等。

供货商的议价能力可以受到下面因素的影响：

- 集中程度。如果没有替代投入的话，并且控制一个行业的企业少于控制本行业销售的企业，在这种情况下，供货商的议价能力会很强。
- 多元化。供货商在具体行业的总销售额中所占的比例与供货商能力成反比。比如说，如果一个供货商的收入全部来自一个行业，而另一个供货商出售给一个行业的产品只占其总量的20%，那么前者对那个行业的控制力要低于后者。
- 转换成本。如果在某一个行业中，企业很容易更换供货商，或者这么做的成本比较低，那么供货商的议价能力会很弱。
- 组织。供货商组织，如同行业联盟或协会，或者专利权或版权的拥有，这些都能提高供货商能力，从而提高他们的总体议价能力。
- 政府。在很多经济体中，政府可以充当供货商的角色。它可以供应土地、竞争权、许可权等，因此它能够发挥巨大的议价能力。

购买者的议价能力

购买者可以通过比较购物或提高质量预期等行为影响产业结构，打压价格。

购买者的议价能力可能会受到如下因素的影响：

- 差异化。具有独特品质的产品会降低购买者的议价能力。很难被识别的商品会提高购买者的议价能力。
- 集中程度。如果购买者很少，并且他们购买的额度占某一企业销售额的比例很大（比如说，政府机构为辖区的市民购买药品，成为药品的主要购买者），在这种情况下，购买者的议价能力会很高。
- 盈利能力。如果购买者的边际利润率很低，资源很少，那么其利润对价格就会比较敏感。

- 质量。如果质量很重要，购买者对价格的敏感度会比较低。

替代产品或服务的威胁

组织不仅担心来自行业内部设法给客户群提供相似商品或服务的企业的竞争，也担心来自现有行业外部的企业的竞争，这些企业设法提供这个行业的企业没有提供的替代产品或服务。行业竞争者总希望替代产品或服务的威胁小一些。现有或潜在替代产品能否转移市场，要受到如下因素的影响：

- 相对价格/性能权衡取舍。如果现有产品或服务能以较低的成本提供良好的品质，替代风险会很高。
- 转换成本。如果从用户目前使用的产品或服务转向其他产品或服务的转换成本高，那么替代的威胁就小。
- 盈利能力。如果替代产品很可靠又能盈利，它可能会取代或挤压现有产品。

现有竞争者的竞争程度

在所有五力中，现有企业的竞争几乎是确定一个行业是否有吸引力和潜在盈利能力的最重要因素。某一行业中的现有企业都希望面对比较低的竞争强度和程度。但很奇怪，有很多情况与人们的直觉相悖，存在一定程度的竞争和少量的竞争者好于没有竞争，甚至好于垄断。一个行业存在的竞争强度由下列因素决定：

- 市场增长。如果企业实力强大，现有行业的市场增长能够减少竞争，从而减少报复的可能性。
- 成本结构。如果固定成本高，在需求减少期间出现生产能力过剩，现有竞争者为争夺市场份额的战斗会升级。
- 退出障碍。对利润低的企业来说，退出障碍包括资产的专用性、退出的固定费用、情感上的依恋，以及产品市场在企业总的战略意图中的重要性。退出障碍越高，这个行业的竞争越激烈。

- 产品转换。产品差异化可以保护企业,使其免遭被现有客户抛弃而转向其他竞争者。
- 多样性。如果一个行业具有很多规模和竞争地位类似的企业,竞争会很激烈。从不同渠道如网络进入,也会提高竞争程度。

五力行业分析法的优点

五力分析将有助于你认清竞争的主要来源和它们各自的优点,并依据自身的竞争优势,建立强大的市场地位。

实际上,要想制定一个使你们企业免受竞争压力并提供竞争优势的战略,五力分析为你制定这样的战略提供了大致分析框架。此外,这个方法有利于你理解产业的演变过程,让你能够抓住利用五力变化的最佳时机。

这个方法的核心,特别是在了解一个产业将如何演变的时候,是认清一种力量的变化对其他力量的影响,而这可能会导致产业的结构和范围发生更迭。这个分析能够:

- 预测五个竞争力量的每一个力量的未来变化;
- 发现这些变化如何影响其他力量;
- 发现这些相互关联的变化如何影响行业未来的盈利能力;
- 发现你们企业在这个已经变化了的行业中所处的地位优势;
- 发现如何改变策略去利用正在变化的产业结构。

此外,五力模型也能帮助你作长期规划,让你关注随着时间变化而变化的产业力量之间的相互依赖关系,关注经营战略既要被动防御这些力量,也要主动管理这些力量。

五力行业分析法的缺陷

根据五力模型的批评者的说法,这个模型的主要缺陷是它低估了作为企业长期竞争优势的核心能力。产业结构是确定企业盈利能力的一个因素，其他因素如特有的组织资源也同样重要。这个模型的设计目的是分析独特行业内部的单个经营单位战略。它并没有考虑企业全部业务组合的协同作用和相互依赖作用。

严格地说，此模型没有完全认清五力的每个力量内部或者影响每个力量的社会和政治因素的重要性。例如，有些人认为应该把政府作为第六个力量，因为政府作为行业股东的角色和影响力能够直接影响行业的竞争变量。

波特本人承认，五力模型主要关注的是使某些行业以及这些行业内部某些位置更具吸引力的原因，但它没有直接说明某些企业为什么或如何能够首先获得优越地位，也没有说明一些企业能够长期保住这些地位而其他企业做不到的原因。

五力模型为制定战略提出的间接建议可以让企业关注行业特点，鼓励企业为影响行业的结构而配置资源。不单单企业从行业变化中受益，竞争者也可以从中受益。如果产业结构是企业绩效的主要决定因素，那么这种做法是无可非议的。

如何操作

五力模型的操作主要分成三个步骤和几个子步骤，内容如下。

步骤一：搜集信息

第一步是要认清你们企业所在的行业。要做到这一点并不容易，需要你尝试几种方法，包括观察具体产品或服务的现有需求和供应模式，使用早已存在的分类资源，如北美产业分类体系（NAICS，即以前的标准产业分类 SIC），或者征求熟悉你们竞争情况的经营专家的意见。一旦认清了行业，接下来你需要搜集信息来认清五力的每个力量的特点（见图6—1），然后考察并评估它们对行业的影响。

第六章 五力行业分析

进入/退出障碍：
  规模经济
  专利产品的差异
  品牌识别
  转换成本
  资本需求
  销售渠道开拓
  绝对的成本优势
  专有的学习曲线
  必要投入的获取
  专有的低成本产品设计
  政府政策
  预期的报复行动

竞争的决定因素：
  产业成长率
  固定成本（或保管费用）/附加值
  间歇性的生产能力过剩
  产品差异
  品牌识别
  转换成本
  集中与平衡
  信息复杂性
  竞争者的多元化
  公司股份

进入障碍　　退出障碍

供货商（供货商的议价能力） → 行业/竞争 ← 购买者（购买者的议价能力）

替代产品（替代产品的威胁）

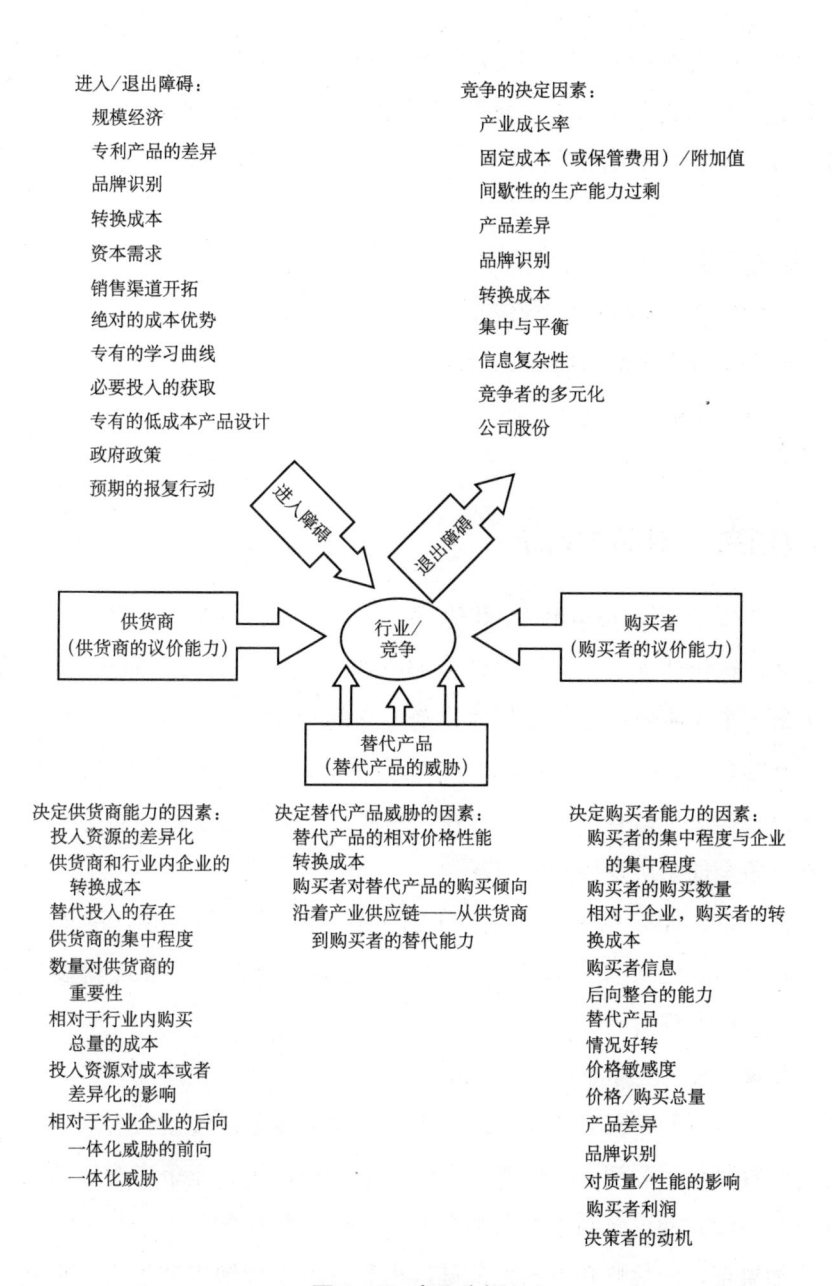

决定供货商能力的因素：
  投入资源的差异化
  供货商和行业内企业的
    转换成本
  替代投入的存在
  供货商的集中程度
  数量对供货商的
    重要性
  相对于行业内购买
    总量的成本
  投入资源对成本或者
    差异化的影响
  相对于行业企业的后向
    一体化威胁的前向
    一体化威胁

决定替代产品威胁的因素：
  替代产品的相对价格性能
  转换成本
  购买者对替代产品的购买倾向
  沿着产业供应链——从供货商
    到购买者的替代能力

决定购买者能力的因素：
  购买者的集中程度与企业
    的集中程度
  购买者的购买数量
  相对于企业，购买者的转
    换成本
  购买者信息
  后向整合的能力
  替代产品
  情况好转
  价格敏感度
  价格/购买总量
  产品差异
  品牌识别
  对质量/性能的影响
  购买者利润
  决策者的动机

图 6—1　产业分析

资料来源：Michael E. Porter, *Competitive Advantage*：*Creating and Sustaining Superior Performance*（London：Collier Macmillan Publishers，1985）.

这个步骤所需的信息可以从出版物中得到，但是如果有可能的话，还是应该聘请专业人士来做。这是很重要的，因为这可以提高分析的客观性，认清可能发生的市场动向。这个过程需要识别竞争压力的主要来源，即：

- 竞争者之间的对立；
- 替代产品的威胁；
- 潜在进入者的威胁；
- 供货商的议价能力；
- 购买者的议价能力。

步骤二：评估与判断

第二步是根据你们组织和其他对手的竞争能力，对五个力量进行评估和判断。这包括确定力量围绕产业的方向（也就是箭头方向），通过给每个力量一个表明强、中、弱的值，确定它的相对优势。方法之一便是从1到5分等级，1表明力量很弱，5表明力量很强（见本章最后的案例分析）。这个过程提供了富有逻辑性的解释，解释每个竞争力量的运行方式，以及它在竞争全局中所发挥的作用。

比如说，如果竞争很激烈，来自替代产品的竞争很强，准入门槛很低，供货商和购买者具有相当强的议价能力，那么竞争环境就没有吸引力，也很难实现盈利。

相反，如果竞争强度很低或中等，没有很好的替代产品，准入门槛比较高，供货商和购买者的议价能力很差，这时竞争环境就很有吸引力，而且比较容易获得利润。在这些富有吸引力的产业里，竞争者赚取的回报率在特定一段时期里要高于在那些在不具有吸引力的产业里的所得。

如果企业的战略和市场地位显示出其很好地理解了这五力，那么这个企业能够赢得高于平均水平的利润，即便在五力中的某几个或全部力量都很强的时候，它也能够做到这一点。

考虑到五力的综合优势，多数经营分析或竞争分析的最终目标是认清自己企业在产业内部成功竞争的能力。把自己企业的资源优势与五力的每个力量的"契合度"大小作一比较，这给理解战略机遇和威胁提供了宝贵的见解。

步骤三：制定战略

第三步需要根据产业变化和演变重复前两步。为了让这个分析更能发挥作用，应该分析产业的长期趋势，以确定这个产业的盈利能力能否维持，以及这将如何影响你们企业的竞争地位。趋势包括拟订的政府立法与规章制度、社会与消费趋势、国际变化与趋势、经济引导力量和技术发展趋势。

现在，把这些长期趋势融入企业战略这个比较广阔的背景下，来找出你们企业的资源、能力与外部环境之间最紧密的"契合点"。这包括三类策略：对付竞争者可能采取的行动的应对策略；利用正在变化的力量的先发制人策略；明确使一种力量或所有五力发生变化的先发制人策略。

产业结构从根本上影响战略抉择。了解产业演变的过程为围绕这五个标准进行选择和管理战略提供了重要方向。应该对每种竞争力量进行不断地监控，以发现它对你们企业的总战略的影响，发现它所代表的扩大竞争优势的机遇。此外，对这些力量和趋势之间的相互作用，也必须考虑在内。

最后想说的是，不是所有产业的情况都相似，对于跨行业、拥有产品组合的企业来说，这个方法应该在每个行业都重复一遍。

案例分析　五力模型在美国民航业中的运用

（5＝最强，1＝最弱）

进入威胁——4级

- 20世纪80年代解除了管制，从而减少了法律障碍；
- 由于有能力按照合约出租飞机和雇用地面人员，资本高度密集的情况有所缓解；
- 由于启用二级机场或不那么便利的机场，停机位不足的情况得到了一定程度的缓解。

替代产品的威胁——3级

- 信息和通信技术的发展减少了某些乘飞机的需求；
- 由于信息技术的影响，面对面沟通的需求减少，使得利润丰厚的商务舱的市场增长减速。

购买者的议价能力——4级

- 过度竞争使乘飞机更接近商品，从而造成生产能力过剩；
- 消费者对价格的敏感度没有因品牌忠诚度而大打折扣；
- 由于互联网上有航空公司的网站，更容易获得实时票价的信息，以及旅行需要考虑的其他情况；
- 竞争者的网站直接销售机票，减少了与旅行社分享租金的需要。

供货商的议价能力——4级

- 越来越难对付的联盟（空姐、机械师和飞行员）已经耗掉了与生产者剩余相关的经济租金；
- 提供某些形式的远距离航程（跨大洋）的飞机供应商很少；
- 公共实体不大可能提供公共资金来扩大机场，并建设新的着陆地或铺设更宽更多的跑道；
- 破产规定允许现有的竞争者调整已经签订的合约使之有利于自己，并且减轻了一些由供货商造成的融资负担。

竞争程度——4～5级

- 市场份额战是行业规范；
- 一些老牌的航空公司，特别是提供全套服务和远程飞行的航空公司已经关闭或破产；
- 竞争常常演变成价格战；
- 旅行人员的增加被大型飞机和进入者所抵消，造成生产能力过剩和边际利润率下降；
- 通过大打折扣来使边际贡献最大化，生产能力过剩使固定成本占有了很高的比例，并且造成按照可变成本来定价的结果；
- 对大型、投资大的航空公司来说，退出障碍的成本很高。

结论：所有竞争力量都比较强，或者说在很多情况下都非常强。航空业的吸引力很低，鉴于目前的这组力量，它很难维持盈利水平。如上所述，有些航空公司已制定出有效抵消负面力量、实现合理盈利的策略。可以看出，它们更需要在考虑到各种力量和影响这些力量的趋势下，制定有效的策略，这也是我们之前介绍的。

案例分析　五力模型在全球药品行业中的运用

（5＝最强，1＝最弱）

进入的威胁——3级

- 对资本有很高的要求（普通药的研发需要两亿美元），无法收回的营销费用非常大。
- 因此，对新进入者来说，缝隙战略是唯一可行的竞争基础。如果成功了，这些进入者会不断面临着激进的接管提议。
- 要想成功地长期参与竞争，需要很高的专门技术。
- 维护专利权能够保护和促进创新。

替代产品的威胁——2级

- 药物治疗的替代产品很少，而且往往比医生亲自诊查和手术介入便宜；
- 普通药物只有在漫长的专利保护期结束后才能上市；
- 从科学意义而不是从药物本身来讲，其他形式的治疗方法一直不太让人感到可信，风险比较大。

购买者的议价能力——1~2级

- 通常是医生而不是患者，根据产品的特性和功效而不是价格来作购买决定；
- 如果消费者作购买决定，他们会表现出很高的品牌忠诚度，这对自有品牌的药物不利；
- 一些有组织的购买团体（健康维护组织，以及像地方医疗单位这样的公共机构等）侵蚀了药品生产商的可支配能力。

供货商的议价能力——2级

- 很多药物的原始投入是商品；
- 生物技术和基因治疗仍然处于开发阶段；
- 很多有前途的新生物技术企业已经或将被老医药企业兼并。
- 在一些医药治疗领域，很难获得高度专业化的人力资源。

竞争程度——3级
- 竞争者不断进行的药物创新引发了新的或不断增加的需求；
- 进入暮年的"婴儿潮"一代以及人均寿命不断提高，都将促进医药业的发展；
- 像研发和营销（销售）等无法收回的成本所占的比例很高，从而提高了退出障碍的成本；
- 抵消现有企业为兼并小公司提供的高额优先购买价的影响。

结论：这个行业现在面临的所有竞争力量都处于比较弱至中等的级别。这个行业的吸引力仍然很大，竞争者在医药行业的盈利能力相对很高。分析师必须谨慎考虑可能影响竞争力量以及竞争力量之间相互作用的现在趋势和潜在趋势。这个分析也许表明，医药企业要想在未来保持吸引力和实现盈利能力是比较难的。

第七章 议题分析

描述与目的

议题分析能够帮助企业搜集战略和竞争情报，帮助企业预测外部环境的变化，以此来影响公共政策，从而使企业在公共政策的调整上变得更加主动。此外，这个方法也有助于企业给自己定位，以应对公共政策的变化。利益相关者的意见能够影响企业决策，这关系到消费者保护、环境保护、融资选择、健康与安全、营销、作业标准、产品包装和布置，以及营地位置等。

公共环境情报能够提供早期预警，提醒企业注意来自全球公共政策环境的威胁和机遇，该环境能够影响企业是否实现自己的战略目标。公共环境情报可以用在很多决策领域，包括：

- 创立、改变或者废除立法或规章制度。例如：提高周日零售额，修改关税制度，遵守时间安排。
- 改变作业标准以适应不断发展的公共政策。像 YouTube 这样的公司能够使用网络技术来播放网络视频。
- 修改员工绩效程序或劳动行为以适应公共政策议题。例如，为同性恋夫妇提供补贴，在欠发达国家不使用童工，无论人们的背景如何，都提供同等的就业或升迁机会。
- 改变企业使命，或者在公共政策议题上发挥领导作用。例如，化工企业在法律标准颁布之前，积极采取负责任的态度，主动停止有争议的做法。

- 对关键的政策议题采取公开讨论的立场。例如，几个大型的互联网公司口头处理了有关隐私和言论自由的问题。
- 因公共政策而改变卖方/供货商。美国的零售商沃尔玛建立了优先政策，在有竞争力的情况下，在设有零售店的国家，优先从当地供货商那里购买商品。
- 进入或退出产品线或服务线，以适应公共政策议题和责任标准或公众期望。例如，互联网服务提供商拒绝支持"仇恨"网站或有恐怖倾向的网站，前国防企业进入相关的民用市场领域，某国禁止销售的产品在没有被禁止的其他国家进行销售。

此外，议题分析也是比较大的（战略）议题管理过程的一部分。议题分析的战略目标是帮助决策者认清、监测和选择可以付诸行动的能够影响企业盈利能力和竞争力的议题。它有助于战略决策者预测宏观环境的 STEEP 因素发生的变化，而且使之能够更好地处理 STEEP 议题，无论这些议题是机遇还是威胁（想更多地了解 STEEP 分析，请参见第十章）。

在运用议题分析时，应该注意几个重要事项：
- 一个议题进展的时间长短差异很大，有时是几天或几周，有时可能是几年甚至是几十年。
- 很多议题在形成过程中会被改变——在公共政策的制定过程中，议题和利益相关者之间存在很多变动，能够改变议题发展的预期轨迹。这使得规划和选择不同情景变得极为重要（见第九章）。
- 哪个议题将真正被推上公共政策舞台，还存在着不确定性。有些议题可以通过主动措施得到最好的解决，而其他被选定的议题在决策过程中可能被忽略掉了。

议题分析法的优点

在对公共政策和 STEEP 因素进行适当的研究之后，通过改进战略决策，议题分析能够提高企业的竞争力。它给管理层创造了有利条件，去选择组织应该作出回应的影响最大的议题，而不被影响小的议题所干扰，也不必为小的议题浪费宝贵资源。

此外，议题分析有助于辨识刚刚出现的议题，从而提供前置时间来协调组织内部和外部环境的回应。它能够降低组织为适应环境的变化而采取的主动行为所产生的风险和不确定性。它促进了对议题的主动管理，而不是对议题的被动反应。

积极监控和处理议题有助于企业在这些议题变成主要难题之前转移关注点，并把刚刚出现的趋势转变成企业机遇。它给组织提供了对STEEP因素进行预期和处理的机制，使企业能够顺应社会的预期，避免损害主要利益相关者的信誉和声誉的严重公共危机的发生。

议题分析法的缺陷

尽管议题分析在几个方面有益于组织，但它的适用性和用途受到几个因素的制约。其中最常见的制约因素包括：

- 在组织面对公共政策挑战时，它是有用的工具，但也许不是总能帮助组织实现竞争优势或战略优势。这是因为，有些议题本质上是制度上的，必须由整个行业或最强的竞争者来处理。故此，议题分析不会提供各种区别优势，而这往往是企业在资源配置时所追求的。
- 必须持续实施。为了做到这一点，必须对企业环境进行监控和细察，这样才能得到准确的信息。但对多数企业来说，这是很难做到的，不仅是因为存在海量的环境信息，也是因为很难选择重要的信息。
- 很多议题很难对其进行富有逻辑性的或客观的评估，因为它们含有感情或态度的成分在里面，这常常是媒体关注所导致的，从而很难预测议题的变化趋势。
- 很少有标准来评价议题分析过程是否有效或能否成功。这可能会导致资源未被充分配置，尽管很多管理人士认识到无论结果是否可靠，但这么做是很重要的。
- 很难看到干预议题和由此产生的金融或市场措施之间的直接关系。

如何操作

议题分析的任务是掌握在细察和监测过程中搜集的环境信息，并且根据选定的标准对这些信息进行归类、等级划分和评估，为管理决策作总结。专家建议，在作有效分析前，应该做三件事情：
- 议题辨识与预测；
- 议题分析与评估；
- 议题的选择与回应。

步骤一：议题辨识与预测

在分析议题之前，应该辨识议题。下面是辨识议题比较常用的方法。

- 内容分析。这个方法是指浏览报纸、网络、杂志、书籍、文章、报告、时事通信、讲话等。这个方法和结果可以是定量的，也可以是定性的。
- 情景制作。情景是指在对有关环境力量（往往被分类成 STEEP）和它们相互作用的指定推测基础上，对可能的未来情景进行的书面描述。我们将在第九章深入探讨这个主题。
- 调查方法。属于这类的主要方法包括对公众和利益相关者的意见进行投票表决、态度调查和组建德尔菲小组（Delphi panel）。德尔菲小组发给专家一系列问卷，每套问卷的回答都被用来制作后续的问卷。任何只提供给专家而别人不知道的信息都将被放置起来，这么做是让小组的每名成员在拥有同样信息的情况下作出自己的预测。德尔菲小组根据匿名投票表决、统计结果和对经过论证的反馈来改善那些根据专家意见而采取的活动和实践。

实际的议题分析过程包括三部分：

- 预测；
- 评估；
- 选择议题，让组织决策者确定可能回应的议题性质。

第一步是预测你们组织监测的议题的发展趋势。这里有几个工具可以帮助你：

公共政策议题的四阶段生命周期进程

有一个特别有用的工具来预测议题的顺序和发展，这就是议题生命周期。它依据的前提条件是，自从议题首先出现在企业的"雷达屏幕"上到它们与企业的环境不再相关为止，议题的演变往往经过一个相当符合逻辑的发展过程。

在使用议题生命周期时，应该注意两个事项：

- 几乎在生命周期的每个阶段，议题都可能因其他事情偏离发展轨迹，如其他议题日益被关注，政治或社会关注点发生改变，媒体报道减少，或者利益集团和利益相关者采取有效措施加速或阻止这个进程。
- 议题阶段之间的时间长短不一，国与国、政府与政府、议题与议题之间，差异甚大。

随着议题的发展，公众的关注度提高，直到关注度达到最高点，管理的自由度直线下降。下面是公共政策议题发展的四个常见阶段。

1. 形成阶段。议题发展常常显示结构的变化，并引起对议题的认识。在这个阶段，一般很难辨识社会预期发生的往往看不到的微妙的变化。通常，某些利益相关者（学者、作者、政府资助的研究者、媒体评论员、公共改革者、公共政策研究者、智库或者网络评论员）的评论有助于看清预期的变化。对企业来说，在这个早期阶段，最好努力影响议题的发展过程，因为这时比较容易设定讨论的范畴和条件。

2. 政治化阶段。在这个阶段，产生了一群特殊的利益相关者，即利益集团。他们想看到议题得到解决。他们不断试图把议题放在公共政策的议事日程上，让公共机构来考虑。在讨论过程中，开始出现具体的修正方法。在这个阶段,企业对议题调整的控制力较弱,但如果它愿意发挥积极作用,仍然可以对其施加影响。

3. 立法阶段。在这个阶段,议题受到公众的关注最多。往往用比较具体的术语(业务的和法律的)来给它下定义,一般会产生新的立法或制定出新的规章制度。这是企业影响议题发展的最后一个机会,造成这个阶段的任何变化的费用通常都是很高的,需要进行大量游说、群众活动和公众交流。

4. 管制/诉讼阶段。在此阶段,公众的关注度达到稳定水平,执行程序变成例行公事,惩罚适用于那些违法之人。现在,企业要想施加影响,让议题发生变化,难度更大,费用更高。

图 7—1 为议题生命周期一览图,显示了这个四阶段模型演变的过程。此外,它也显示出,根据议题在周期中所处的位置,组织在确定什么时候对议题作出回应时所具有的决策能力的性质。

公共政策的七阶段发展进程

刚刚介绍的四阶段模型不是唯一一个用来了解议题演变的模型。你也可以通过下面的七个阶段来认识议题的发展过程:

1. 问题。尽管公众对议题是什么还没有形成统一看法,但他们普遍对 STEEP 环境下发生的事情感到不满。

2. 标签。在此阶段,利益相关者——通常是利益集团——处理议题,并给议题贴上标签。

3. 具体化。媒体得到线索,使议题进入公众视线。现在,产生议题的原因也清楚了。

4. 解答。随着媒体继续对议题进行大量报道,出现了很多解决议题的方法。受到影响的企业现在应该对议程的制定有所行动了,因为从此以后企业几乎没有机会能够真正做到这一点了。

5. 立法。政治领导人参与议题之中。他们提议,通过法律来解决这个议题。现在议题发展的方向是官方希望看到的。

6. 执行。政府机关执行了新近通过的法律。如果利益集团认为法律的

时间段： 1   2   3   4
        形成阶段 政治化阶段 立法阶段 管制/诉讼

→ 公众的关注度　　管理阶层的处理权　　组织成本

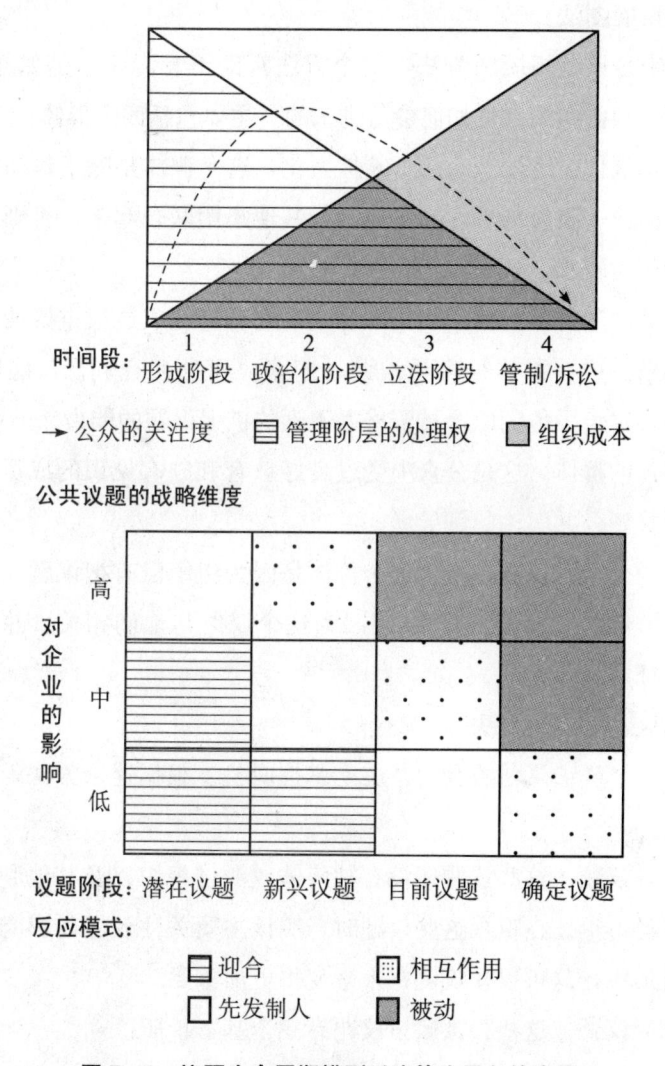

公共议题的战略维度

对企业的影响：高／中／低

议题阶段：潜在议题　新兴议题　目前议题　确定议题

反应模式：
　　□ 迎合　　　　□ 相互作用
　　□ 先发制人　　■ 被动

图 7—1　议题生命周期模型以决策为导向的应用

资料来源：R. A. Bucholz, *Business Environment and Public Policy: Implications for Management*, 5th Edition (Upper Saddle River, NJ: Pearson Education, Inc., 1995).

执行没有体现法律的精神，可以通过法院采取法律行动。

7. 新问题出现。新议题往往源自老议题的解决办法。这时常常重新开始这个周期。过度管制或受到管制都说明，议题开始了再循环。

议题拓展图法

接下来是议题拓展图方法，这个方法有助于看清议题是如何扩大的，以及不同的利益相关者是如何参与进来的。主要包括四个群体：

- 辨识群体。随着争论的不断扩大化，这个群体是除了最初参与者之外的第一批参与者。除非他们与其他集团联合起来，否则他们的力量相对较小。
- 受关注的群体。他们往往围绕一系列对自己成员很重要的议题组织起来。这一群体很容易被调动起来，而且拥有资源，能够接触媒体，这给了他们以会员资格办不到的扩大议题的能力。
- 注意的群体。这是公众中受过良好教育和颇有见识的成员，从中可以找到公共舆论的领导者。
- 普通公众。议题扩展到这个群体是因为组织没有把议题控制在受关注群体的层面上，并且/或因为这个议题与他们相关，并使之具有象征意义。

掌握议题时机的方法

另外一个辨识议题的有用办法是掌握时机。根据这个方法，议题可以分成四类：

- 潜在议题。这些议题还没有被媒体或激进组织以及其他利益相关者广泛讨论。在审视这些议题时，应该主要关注议题的影响力是否正在形成，这可以让议题在未来变得更加重要。
- 新兴议题。这些公共政策议题有三个基本特征：
    - 此议题仍然在形成之中，竞争各方的地位也在形成之中；
    - 此议题有可能成为政府在接下来的几年中采取正式行动的主题；
    - 此议题依然能够受到组织的影响。
- 目前议题。这个议题正处于辩论阶段，或者在政府机关内部正被执行。解决议题的具体政策正由被选拔或指定的官员制定法律并对之进行讨论。
- 确定议题。解决议题的公共政策已经被制定并采纳。得到批准的政策很有可能在一个政府机关或部门内部被执行。

第一步列举的方法同等有效。哪个最适合你所在组织的需要，要取决于作为分析师的你的选择。

步骤二：议题分析与评估

步骤一介绍的一些方法也可以用来帮助你评估议题，特别是德尔菲法和情景制作。其他几个方法也常常被用来分析和评估议题，最常用的方法我们在下面进行讨论。

议题距离法

这个方法根据组织与正在考虑的议题之间的距离来看待议题。可以把议题分成三大类：

- 目前议题。公共政策制定者已经在考虑这些议题（议题生命周期的第三阶段，见图7—1），组织被迫对其采取应对措施。
- 新兴议题。这些议题仍然在形成之中（从议题的生命周期的第一阶段发展到第二阶段），有可能在不久的将来以立法的形式列入制定公共政策的正式日程。企业仍然可以通过采取先发制人和优先的公共事务行动来影响这些议题。
- 社会议题。这些议题比较模糊，组织往往对其漠不关心，在未来可能影响也可能不会影响企业的利益。如果对其不能很好了解的话，企业不应该主动参与这些议题。

议题影响法

另一方法根据议题影响的人数、议题的严重程度和即时性、解决与议题相关的议题的成本，对已经辨识的议题进行分类。运用这三个标准，可以把议题分成如下类型：

- 普遍性议题。这些议题影响很多人，对他们个人有直接的影响。这些议题往往不具有持续性，特征是出现能源、货币危机或小集团发动的地区叛乱等事件。在这些情况下，公众一般指望政府采取快速解决的办法。

- 辩论性议题。对于这些议题，公众求助于政府采取行动来解决。这些议题通常很复杂，而且随着时间的推移影响不断扩大。这些议题有：放松对某些行业的管制或实施管制，提供幼托设施，以及国外投资指南。
- 选择性议题。这类议题一般涉及具体的利益集团。它们往往给公众造成损失，但受益的通常是推动议题的利益集团。这些利益相关者一般具有明显的特征，比如说人口特征（如"婴儿潮"一代特别关注工作与退休议题）、地理特征（如城市居民关注给破败的市区配备令人满意的学校）、职业特征（如给流动劳工提供福利）、部门特征（如保护某些森林免遭砍伐）。
- 技术性议题。多数公众通常不太了解这些议题，也不关心这些议题，但专家比较关注。这些议题最后往往在规章制度的框架内得到解决。

议题优先顺序、影响力和评分矩阵

考虑到在组织的环境中存在诸多议题，你需要对所有议题进行评估，以便向决策者建议应该选择哪些议题来采取行动和配置资源。因为所有组织的资源都是有限的，应该尽量确定组织的行动在哪里能够产生最大的净正效应。

为了引导你完成这个过程，你需要回答如下几个重要问题：

- 议题处于发展的哪个阶段？
- 议题怎样发展能让政府机关对其立法，并对组织施加具体的影响？产生这样的结果有多大可能？
- 预期的公共政策对组织的盈利能力有怎样的影响？
- 组织是否有能力影响议题的发展过程，或者在多大程度上影响政府可能作出的反应，以及这种反应的性质是怎样的？

回答这些议题需要回到辨识议题阶段产生的一系列议题，需要把这些议题放到矩阵的网格里，而这些网格由两个变量的选择所界定。最常用的变量是概率（也就是议题发生的可能性）和影响力（议题可能造成的影响的严重程度）。这两个变量通常被合并到3×3矩阵中，变量分成高、中和低，由此产生九个网格，每个网格表示企业接下来采取的行动所具有的不同优先顺序。图7—2是这个矩阵比较常见的版本。

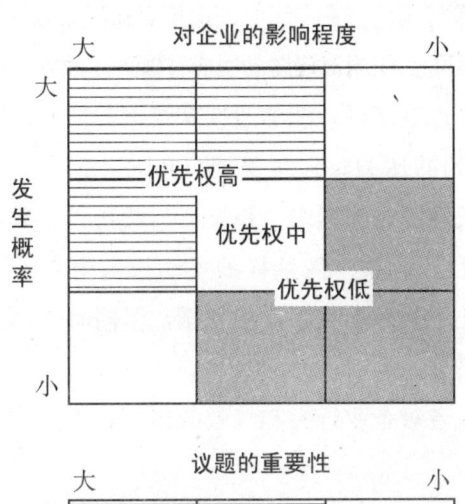

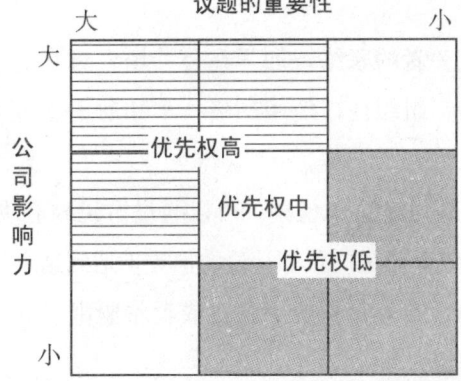

对企业的影响程度

发生概率：优先权高、优先权中、优先权低

议题的重要性

公司影响力：优先权高、优先权中、优先权低

| 议题优先顺序矩阵 |||
控制	有限控制	无控制

高/中/低 → 议题影响力

图7—2 议题优先顺序、影响力和评分矩阵

资料来源：A. B. Gollner, *Social Change and Corporate Strategy*: *The Expanding Role of Public Affairs* (Stamford, CT: Issue Action Publications, 1983); E Sopow, *The Critical Issues Audit*, *The Issue Management Workbook Collection* (Leesburg, VA: Issues Action Publications, 1994)。

步骤三：议题的选择与回应

企业对议题的回应需要一套经过协调和规划的行动，有些行动可能是内部的，有些可能是外部或公共政策环境的。在向组织的决策者建议采取哪种行动时，考虑这些回应模式是很有用的。组织对议题的回应有以下几种方式：

- 组织能够改变其行为，也就是说，能够改变其政策或活动，以减少或消除利益相关者感到的压力。强生集团（Johnson & Johnson）就是这么做的，它在发现镇痛药泰诺（Tylenol）被仿冒之后，便对自己的包装和封口进行了调整。像这样的主动行为附带了一个好处，就是企业可能阻止了某种不利因素的加剧，但同时也可能会采取费用大、效果差的措施。
- 组织会努力让利益相关者对企业行为和绩效的预期，更加接近其对自己行为和绩效的看法。
- 组织可以加强与利益相关者的联络，加强在公共场合对其活动和政策的宣传。在当今社会，组织往往使用网络技术和通信渠道来做这件事情。
- 组织可以通过公众舆论来讨论这个议题。可以通过游说政府决策者，利用法律上的质疑点，或者通过广告和社论的倡导来达到这个目的。
- 组织可能忽略这个议题，希望其自行消失，或者希望由时间来解决这个议题，并有利于自己。

表7—1显示的是政治议题选择矩阵。这个矩阵表明在计划对某一议题进行回应时，应该考虑两个因素：第一个因素是应该采取直接的进攻方式还是间接的进攻方式；第二个因素主要看分析的焦点部分是否应该成为组织的议题。

表7—1　　　　　　　　　　政治议题选择矩阵

进攻方式	议题定位	集团
直接	缓和议题	攻击群体
间接	模糊议题	破坏群体

资料来源：Mahon, 1989.

这两个因素产生了四种不同的战术，具体如下：

- 缓和议题。这个行动具有象征性，缺乏实质性内容。例如，它可能需要组织组建特别小组去调查议题、罢免领导，或者对公众说它会改变自己的行动或政策，但它根本没有这样做的意图。
- 模糊议题。引进其他利益相关者，增加议题，对当前议题进行提炼，推迟行动，等待更多的研究，或者讨论它不能遵守或回应的所有原因（限制条件）。
- 攻击群体。这是一个风险比较大的战术，组织对个人或群体的合法性提出质疑，试图诋毁他们。
- 破坏群体。增选利益相关者，通过直接呼吁成员而绕过领导，并运用间接的影响来源。

此外，还有一个可供选择的回应公共议题的分类机制，是关于组织能否反抗、讨价还价、投降、终止关系或停止引发议题的活动。表7—2列举了一些案例，显示了每个战略和战术应用的场合。

表7—2　　　　　　　　　　作出政治回应的战略与战术

战略	战术	案例
抵抗	力劝，宣传 否认责任 质疑其他利益相关者的合法性 反攻和牵制战术	福特和Pinto 雀巢和幼儿配方奶粉 福特Explorer翻车事故 烟草行业 歧视吸烟者
讨价还价	正面诱导 负面诱导	联合碳化物公司（Union Carbide）和西弗吉尼亚州的大学城 医疗从业者为了胁迫改变政策，拒绝提供医疗服务
投降	让步：寻求最佳解决办法或免除责任的办法	强生和泰诺 宝洁公司和Rely Tampon
终止关系	终止与外部利益相关者的关系	GD Searle和宫内节育器（IUD） 李维斯（Levis）不进入中国市场
停止活动	解散活动	提起破产申请

资料来源：Mahon, 1989.

- 完全反抗。组织拒绝改变，战胜所有挑战，或者胁迫环境发生改变以符合自己的目标。
- 讨价还价。组织讨价还价或作出妥协，因此需要各方作出调整。
- 投降。组织终止与外部参与者的讨价还价，寻求一个替代方法，或者改变自身环境。与此同时，为自己寻找最后的解决办法和免除责任的途径。
- 终止关系。组织终止与外界群体的关系，并寻求替代方法。
- 停止活动。组织不愿或不能适应被要求作出的改变，或者不愿或不能对被要求作出的改变作出回应，而最后解散。

议题分析的最终结果是确定对组织最重要的议题，并对该议题采取行动。尽管我们提供了几种方法来辨识议题，对其进行分类，确定其优先顺序，但这并不意味着，这个过程没有夹杂一定程度的主观性。这主要是因为在议题存在的环境里常常有很大的不确定性，也存在着一定的风险，而组织对这些不确定性和风险的感受是不同的。

辨识议题、分析和回应过程几乎很少像本章介绍的那样呈线性、有序的样式。

在组织经营混乱的 STEEP 环境里，议题分析和管理是多层面的，反反复复的，是必须不断适应正在变化的状况的纠错过程。不确定性是一直存在的。不过，通过学习和运用本章讨论的这些工具，你非常有可能比竞争者做得更好。

案例分析　　Minnegasco 公司的议题优先权评估过程

Minnegasco（现在是 CenterPoint Energy 的一部分）是位于明尼苏达州的一家天然气公用事业企业，它准备启动议题分析流程。在研究议题时，该公司的专家对影响企业成功的外部因素进行了评估，同时还评估了以下因素，如首先提出意见的集团的信誉、对手的优劣势、对州预算的影响、州长和相关州机构的立场以及自己结盟合作的能力（或缺乏这方面的能力）。

议题评估完之后，他们接下来给每个立法创制权累计平均分。然后把这个分数与对企业的经济影响程度、成功的可能性以及其他公共事务的影响进行对比，后者包括创制权对公共事务关系的影响。最后把这三个因素——成功几率、经济影响和公共事务影响——放在一起，算出平均数。

在议题分析过程中，Minnegasco 分析师会问自己这样的问题，如：
- 我们这么做是损害还是维护法律公正？
- 本行业中其他公用事业将如何作出反应？
- 我们的客户将如何作出反应？
- 我们必须要应对哪些其他联盟的行动？

资料来源：K. Sundberg and P. Shafer, Ed., "Using the Tools of Quality to Assess State Government Relations," *Adding Value to the Public Affairs Function*, Washington, DC: Public Affairs Council 1994：195。

决策的 10 个工具
Analysis without Paralysis

案例分析 为富士施乐（Xerox）华盛顿公司进行议题优先权评级

富士施乐华盛顿公司为已被辨识的公共政策制订了评定等级计划。这需要采取行动，制订一个规划好的方案，并附有一个已被辨识的完成点。这些议题与富士施乐感兴趣的领域有关，富士施乐希望在这些领域里保持一定程度的能动性。评定等级的方法是：

优先权评定

1. 议题对富士施乐有巨大的潜在影响，需要政府事务部门具有高度的能动性；也许时期比较长；有巨大潜在影响的议题需要优先处理。

2. 对富士施乐产生的具体影响没那么大，但很重要，需要主动监控；被第三方组织控制，但应该让政府事务部门参与第三方行动。

3. 对富士施乐的潜在影响比较小，或者是长期议题，当前几乎没有或根本没有行动；政府事务部门会努力监控，但需要依靠第三方进行积极的监控和投入。

资料来源：R. Scheerschmidt and P. Shafer, Ed. "Quality in the Washington Office," *Adding Value to the Public Affairs Function*, Washington, DC: Public Affairs Council 1994: 256.

第八章 政治风险分析

描述与目的

政治风险来自政府采取的行动或者政府的决策失误造成的不稳定性，或者给企业造成损失的事件。在很多行业和市场中，政府决策能成就企业的名利，也能使其断送"钱"途。严格地说，在考虑政府政策、政治、公共事件对企业经营及其竞争地位的影响时，政治风险分析（PRA）是很有价值的工具。

政治风险的定义对你理解战略依据是很重要的，因为你要根据这个依据来考察政治风险。如果定义过于狭隘，会使你产生错误的概念，在数据收集和选择方面受到误导。为了实现本章的目标，我们选择采用政治风险的广义定义，即东道国政府或指定的行政领导集团所采取的任何行动，包括战争、骚乱、边界争端、关税、税收、政党领导权更迭或政变以及相关的行动，从而给企业造成危害或者损失。社会政治议题，如腐败、抗议、社会冲突、对物质和非物质财产造成的威胁，都是蕴涵风险的环境所包含的主要因素。

越来越多的企业选择把业务外包给拥有廉价劳动力的国家。其中一种外包形式便是离岸外包，就是把企业的经营活动或生产过程迁移到别的国家。很多普遍提供离岸外包的东道国，如菲律宾，都缺乏稳定的中产阶级。在工人阶级生活水平很低、失业率比较高的环境里——40％的菲律宾人口生活在贫困线以下，大量人口是文盲——出现混乱的可能性是很大的。

对任何一个打算在那些国家生产的企业来说，如果政府对知识产权所持的态度不严肃，这都可能会带来消极影响。

此外，很多国家依赖少数主要的石油输出国，其中有几个政治风险很高的国家，如伊朗、利比亚、委内瑞拉和也门。哪个国家出现问题都会影响全世界的各个行业，因为在这个重要的资源市场里，一直是供不应求的。相互联系的市场原动力、离岸外包、国际石油市场的经济状况、欠发达国家持续发生的动乱，这些都说明政治不稳定具有长期的消极影响。

政治风险分析法的优点

如果一个国家存在着与企业相关的政治风险，就会被认为不稳定，结果很容易把这些企业吓跑。但避开这些市场可能意味着失去机遇。哪里的风险高，哪里的竞争程度通常就会降低，政治的灵活性就越大，租金和劳动力就越低廉——为了吸引投资，抵消风险，这些国家需要提供所有这些东西。通过评估风险水平、权衡风险与机遇，企业能够确定风险是否抵得上潜在收益。如果是这样，企业需要制订应变计划来处理潜在的风险。

政治风险分析可以使用公开的现成的廉价的（如果不是免费的话）政治风险数据和信息，其中很多可以在网上找到。很多跨国企业，甚至是一些以技术见长的中小企业都建立了环境监控系统，自动从网上获取这类信息并对其进行分类。由于通信技术的发展（包括改进了的翻译方法），国际旅行的次数增加，获得其他国家政治状况的第一手材料越来越方便，费用也越来越低。

把政治风险分析列入决策过程的企业，在制定有关在国外进行投资或者做生意的决策时，既省钱又省时。此外，政治风险分析也能扩大企业的关系网，帮助企业快速并有效地辨别更好的合作伙伴，来协助企业在新的国度里为自己的商品或服务开拓有前途的市场。

政治风险信息有很多可靠的来源，这些信息可以购买、订购或通过协议获得。尽管其中的一些产品或服务看起来价格很高，但它们所包含的信息也会帮助企业避免犯错，或者为突发事件制订规划，否则企业会措手不及。不过，在决定向新市场投入适当规模的资源时，特别是到那些欠发达或不发达地区进行投资时，你需要帮助决策者避免"贪小便宜吃大亏"，因为那里的发展和盈利的最佳机会可能会在未来出现。

风险与回报的正关系（高风险与高回报相关，反之亦然）意味着分析过程做得很好的企业能够减少决策的风险，在国外新的市场上能够赢取高比例的潜在收益。

政治风险分析法的缺陷

政治风险分析很复杂，也很难把握。试图把动态的同时发生的事件标准化、量化，并进行分析以建立直接的因果关系，这并没有给政治风险分析提供最稳固的基础。政治风险分析家努力确定人为事件、行动和概念的量化指标，因为这些东西一直在发展和变化，这使得分析既不轻松也不准确。当谈到政治风险研究时，很多企业关注的是政治问题的直观结果或征兆（主要是因为这些问题有新闻价值，所以看起来好像最重要），而不关注问题的根源。这种失之偏颇的做法会导致人们对企业分析的关键部分过于重视或者重视不够。必须谨慎对待数据和数据来源的限定和量化，然后才可以把数据运用到正在使用的模型中。不过，即使很多企业使用了详尽的方法和复杂的模型，结果仍然常常令人意外。

收集数据是政治风险评估能否有效的基础，但这个过程往往存在缺陷。依靠历史数据的模型也存在缺陷，因为过去的行为不能准确表示未来的行为。这种说法更适合活跃的政治层面，因为与 STEEP 其他方面如社会、经济、环境和技术相比，政治因素的影响具有较短的生命周期。

政治风险评估模型往往运用比较法。如果数据具有主观性，很难为不同的国家获取同一数据。被收集的信息往往只是观点，主观性非常强，而且往往带有偏见，如被采访的"内部人"（也就是作为研究对象的国家的居民或公民）对采访者的国家持有好感或者存在偏见。鉴于这种情况，对同一国家进行的不同研究得出的结论往往大相径庭。除了可能存在的偏见之外，接受采访的专家也许完全给变量赋予了不同的意义，或者以不同的方式来诠释问题，从而造成了无意的偏见。

在欠发达国家，很多关于社会、经济和人口统计的数据也许是不公开的，即便是公开的，也不能反映市场的真实情况。在很多腐败现象丛生的社会里，黑市非常发达，现金和商品交易、贿赂都是没有记录的。在作政治风险分析时，你必须了解数据以及数据来源的质量、可靠性和合法性。

数据收集的问题、缺乏客观性、依据过去的事件来预测未来，以及缺乏确切性都是干扰政治风险分析的普遍问题。所以说，尽管这种做法已经被实践了几百年，而且在过去的四十多年里得到了详尽的记载和研究，但它仍需要发展出被广泛接受的知识体系，或者把操作和过程标准化。

如何操作

同本书介绍的多数分析法一样，政治风险分析部分是艺术、部分是科学，但权重并不等同。艺术层面很容易被那些经验老到、熟悉世界政坛风云的人们所操纵，但历史上有些比较棘手的政治不稳定因素谁也无法预测，包括分析家。按照定义，不管什么时候猜测是否存在风险，出乎意料的事情都会随时发生。最谨慎的分析者会努力弄清几个可能发生的情景的结果。

要想了解政治风险这门学科，重要的是把风险分成宏观风险和微观风险。

宏观风险的本质是环境，起源和动机是没有预见到的政治问题，通常针对所有外国企业。微观风险比较微妙，在本国之外很难预测到，尽管一般情况下不那么重要，但比宏观风险更为普遍。可以把宏观风险和微观风险进一步分成社会风险和政府风险两大类。

- 社会宏观风险指的是由内战、恐怖主义、动乱、社会价值观发生的重大变化，以及由工会、宗教分歧、革命、国家机器停止运转或者其他充满政治色彩的有损于外国公司的事件等引起的不稳定形势。

其中最著名的但不是唯一的有关社会宏观风险的事例是发生在美国的"9·11"事件，这是发生在东道国之外的社会宏观风险的惨痛事件。尽管像发生在英国的地铁爆炸案、发生在西班牙马德里的火车爆炸案、发生在印尼巴厘岛迪斯科舞厅爆炸案以及其他针对东道国发动的恐怖主义行为发生的频率不如其他政治风险那么高，但其结果可以说是灾难性的，而且会造成恶劣的国际影响（比如说对旅游业的影响）。

- 政府宏观风险包括所有东道国政府采取的对国外企业造成负面影响的行为。其中一些行为包括高利率和高通胀率、国有化和没收财产、对资产和利润调拨回国的限制、政权更迭以及普遍存在的官僚主义。这类风险的典型事例发生在古巴，当时菲德尔·卡斯特罗的新政府大量征用国外企业的资产。另一种不那么极端但比较常见的情况是：有些国家为了吸引国外企业，设置高关税。印度是其中的一个，这个国家大约1/4的人口仍然生活在贫困线以下，经济增长依靠外国投资。然而，在有些地区，关税高达20%。

- 社会微观风险包括联合抵制活动、激进主义、某些恐怖主义行为以及来自其他跨国公司的竞争。其中一个典型的事例是在最近几十年里，中国消费者不止一次威胁抵制日货，原因是日本政府没有完全承认在20世纪三四十年代在中国犯下的滔天罪行。因此，中国人对日本作出的任何能够觉察到的冒犯行为都很敏感。

- 政府微观风险是指那些针对具体的外国或者国外行业的行为，包括有选择的国有化、歧视性税收、对股票的监管、有关雇佣的规定、对本土竞争者的支持、对合同的漠视以及对定价的控制。例如，2005年8月，中国海洋石油总公司（CNOOC，简称中海油）投标想收购总部在美国的优尼科公司（Unocal），但被美国国会叫停。美国修订了《美国能源安全法案》，强制美国政府必须介入中国企业提出的要求接管美国石油企业的任何提议。随之而来的另一个风险是恶化了东道国与外国的外交关系，从而影响企业的机遇和在比较大的市场上进行竞争的性质。人们早就推测出美国国会会对中海油收购优尼科的投标持反对态度，因为中国还没有真正对美国企业开放自己的市场。

图8—1概括了政治风险的宏观和微观层面。第三层两个框之间的箭头说明一个领域发生的变化可以导致另一个领域发生政治风险。比如说，社会态度的变化（社会微观风险）也许意味着市民给政治家施压以修改法律。有些利益相关者可能感到国际竞争正在破坏地方经济，从而鼓动对地方经济加强保护。想保住执政地位的政党可能为了安抚选民而修改法律（政府宏观风险），从而使跨国企业更难在东道国进行竞争。此外，独裁极权政府（政府宏观风险）对未受良好教育的好战公众进行镇压，可能会造成社会动乱（社会宏观风险），从而使企业经营中断并遭受损失。

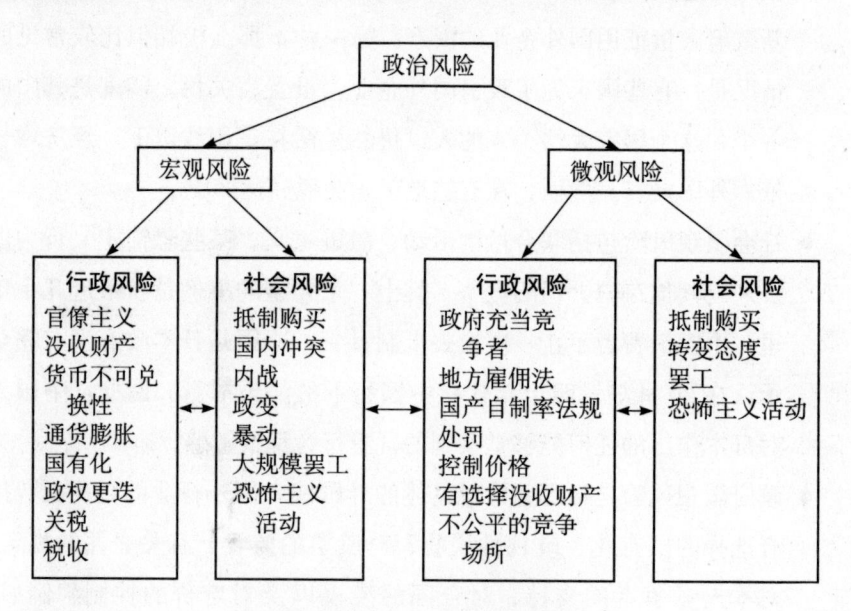

```
                         政治风险
                        /        \
                  宏观风险         微观风险
                  /    \           /    \
            行政风险  社会风险   行政风险  社会风险
           官僚主义   抵制购买   政府充当竞  抵制购买
           没收财产   国内冲突    争者      转变态度
           货币不可兑  内战      地方雇佣法  罢工
             换性     政变      国产自制率法规 恐怖主义活动
           通货膨胀   暴动       处罚
           国有化    大规模罢工   控制价格
           政权更迭   恐怖主义    有选择没收财产
           关税      活动       不公平的竞争
           税收                  场所
```

图8—1 政治风险的组成要素

资料来源：Simon, Jeffrey D., "Political Risk Assessment: Past Trends and Future Prospects." *Columbia Journal of World Businesses* 27 (1982): 62-71.

尽管到现在为止，这些识别风险的方法很明了，但它们不足以预测政治风险。如果你所在的企业受到政治因素的负面影响，这些方法也无法预测或者也无法帮助你们制订下一步的行动计划。不过，这些方法是评估政治风险的开端，能给你提供有意义的观点来看待企业在他国经营业务时可能面临的政治风险。此外，也必须考虑到其他（非政治）因素，因为这有助于企业在确定推动及执行的顺序时让其他职能部门也参与进来，这些部门包括法律部门、风险管理部门、资产管理部门、政府关系部门、公关部门等。

定性分析法

在收集定性信息时，有两个最常用的方法适合这种分析，即"巡查访问法"和"老手法"。

巡查访问法

这个方法主要在对国外市场进行分析之后使用。如果最初研究表明某国市场有很大的吸引力，需要进一步考虑，企业可以派一个工作组去考察。这个"访问小组"与政府官员和当地商业人士进行接触，以便评估当地的政治环境，并报告给管理阶层。

巡查访问法听起来很简单，但做起来有很多困难，不付出大量的努力是绝对办不到的。政府官员和本地人提供的信息通常都是有选择性的。被拜访的那个国家的人会让外国人看到本国官员想让他们看到的，不可能让他们看到比较隐秘的风险，如腐败现象、黑市、低效的官僚作风以及其他有碍盈利的潜在风险。尽管巡查访问法是一个很有用的工具，但应该把这个方法看作是比较大的政治风险过程和战略的组成部分，或者是数据的补充来源。

老手法

还有一个评估政治风险的有用方法，就是找到以前比较了解这个地区、国家、市场或者现在具有这方面丰富知识的人。聘请这些具有学术界、政界、商界和新闻界背景或者综合这些背景的人来做独立顾问，他们对政治情况的历史和未来能够提供有用且直观的见解，而简单的观察或统计模型则往往达不到这个深度。有时，具有这方面专门知识的人就在你们组织内部！

在聘请专家作为独立顾问的时候，应该权衡一下这么做的灵活性和实际客观性与目前员工对组织及其战略的情景理解之间的关系。尽管存在着这些取舍关系，但通过这些渠道得到的预测（虽然这些专家比对新市场进行初次评估的人受过更好的教育）由于常常具有不确定性，可能不一定被言中。

定量分析法

有五个统计方法能帮助评估潜在的政治风险。尽管本章不会全面考察这些方法，但要知道，大公司和著名的顾问都使用这些方法，了解这一点是很重要的。这五个工具是：

- 定级评估法；
- 决策树分析法；
- 多重回归法；
- 判别分析法；
- 综合法。

很多企业喜欢聘请服务部门来综合这些模型，对每个国家进行评级。下面的内容绝不是一份背书，而是概括了从专业服务公司那里得到的信息种类，以及这些公司用来编制数据的方法。一些比较常用的方法包括BERI（经营环境风险指数）、PSSI（政治制度稳定指数）、DESIX（德意志银行欧亚集团指数）和WPRF（世界政治风险预测）。

这类指数存在一个现实问题，即它们给以战略眼光看待具体情况的企业提供不了多少建议。设计这些指数的目的不是为了具体解决一个企业所关心的战略问题。由于这些指数几乎完全根据历史数据编制而成，可能对目前或长期的状况不会公开或准确地作出预测。

另一个分析政治风险的有用构想是阿龙（Alon）和马丁（Martin）提出来的。他们试图建立一个模型，以未来为方向使用比较法，在调整权重方面具有灵活性，适用于不同的政治环境和制度。这个模型的框架考虑了宏观风险的政府、社会和经济因素，从内部和外部来分析这些因素的成因。这个模型有六个组成部分，表 8—1 对此进行了摘录和概括。

表 8—1　　　　　　　　　　政治风险分析要素

	内部	外部
政府因素	● 对精英压制的程度 ● 精英的合法程度 ● 政权更迭的可能性	● 发生政治暴力的可能性 ● 加入国际组织 ● 规章制度的限制
社会因素	● 分裂程度 ● 全面分裂的程度 ● 疏离感	● 国际舆论 ● 撤资压力 ● 地区多样性与利益冲突
经济因素	● 人均 GDP 增长率 ● 收入分配 ● 实现经济目标的可能性	● 对国外投资的政策 ● 发生债务问题的可能性 ● 发生货币问题的可能性

内部因素

政府因素

就"对精英压制的程度"和"精英的合法程度"，可以提出下列问题：

● 政府如何对待其公民？

● 政府是否使用武力或严格约束精英？

"合法程度"旨在帮助你确定公民对政府机关的信任程度。前两个因素的得分直指第三个因素的可能性，即发生"政权更迭的可能性"。如果存在很高的"对精英压制的程度"，人们感觉到政权好像是非法的，政府非常有可能在未来被颠覆，你需要证明这种极大的可能性是否存在。如果是这样，谁有可能接管？会发生哪些变化？新政权对国外投资的态度会怎样？

社会因素

在看待社会因素时，阿龙和马丁把"分裂程度"、"全面分裂的程度"和"疏离感"视为造成政治风险的原因。如果一个社会特别多样化，这个社会将出现分裂。宗教、社会阶级、种族特点、土地使用权以及语言差异

113

都会分化社会。像比利时、印度、马来西亚、卢旺达、南非这些国家都出现了分裂，但有些非常发达的地区也出现了这种分裂的现象。比如说，加拿大的英国人、法国人和土著人口构成了一个分裂社会。此外，法国曾陷入困境之中，移民和少数族裔发动了暴力活动，因为他们认为他们长久以来没有被法国社会的大多数群体所接受。社会越多样化，满足所有群体需求的可能性就越小。如果其中的一些群体很穷，被剥夺了公民权，几乎没有或者根本没有提升的机会，结果可能就是"全面分裂"，由此会导致社会不稳定。对东道国怀有疏离感，不管是民族主义情绪还是排外，都会导致矛盾出现。

经济因素

在分析构成政治风险的经济因素时，"人均GDP增长率"是经济增长的一个指标（假设GDP增长速度高于人口增长速度）。"收入分配"会告诉你中产阶级是否在壮大或者它是否存在。"实现经济目标的可能性"考虑的是政府政策是否与其目标接近。

外部因素

政府因素

评估一个国家"发生政治暴力的可能性"，必须要看东道国及其周边国家。战争的影响是非常明显的，但由于难民或流离失所的交战群体而导致在周边国家出现的紧张局势，会对东道国的政治稳定产生巨大影响。"加入国际组织"意味着稳定。因为国际货币基金组织或世界银行的会员资格表明，这个国家不会遭到严重制裁，而且在出现短暂的不稳定之后能够得到援助。"规章制度的限制"包括关税、对资金进出这个国家的限制以及贸易壁垒。没收财产也属于这类限制。

社会因素

"国际舆论"可以说是一个强大力量。南非在实现目前民主、无种族隔离状态之前，被国际上很多国家所蔑视。南非共和国历届政府采取的种族隔离政策给外国投资者造成了诸多麻烦。不是因为这种政策产生了危险,也不是因为这是原则问题,而是因为其他国家的公民施加"撤资压力"。"地区多样性与利益不相容"会造成社会不稳定,中东和非洲的部分地区存在这样的问题,那里长期存在部落战争或者领土战争,土地和珍贵资源频频易手。

经济因素

协定和联盟有助于防止未来经济政策对外国投资可能造成的负面影响。其中一些政策包括保护主义以及对资金汇回本国和企业所有权的限制条件。"发生货币问题的可能性"出现在严重的通货膨胀情况下,通胀导致货币贬值,使东道国进出口非常困难,从而引发"发生债务问题的可能性"。

阿龙和马丁认为,政治风险的所有表现至少属于这六类中的一类,注意到这一点是很重要的。实际操作这个模型可以分四步走,大致如下:

1. 识别前面概括的变量。

2. 在-2~+2范围内,给每个变量打分,风险与分值是负相关。也就是说,+2意味着低风险,-2意味着高风险,0处于中间位置。首先,在打分时需要记住两件事:其一,这是一个比较工具;其二,一个国家的得分要根据它与其他被研究的国家(母国或者其他投资的备选场所)之间的关系来判断。其次,要想使这个工具想起到预测作用,人们在打分时应该努力预测正负方向在未来可能发生的变化。可以在两个具体时间上考察政治风险,并把趋势分析过程运用到未来阶段,这样做能够预测得最准。

3. 给每个变量一个权重,这是为了反映出你所在企业如何看待每个变量的重要性。通过对管理阶层进行调查,并根据多数人的意见来制定分值,来给变量以权重。

4. 根据变量得分和权重给每个国家算出总分,并对与每个国家有关的相对风险进行比较。

究竟如何运用这个模型,请看后面的案例分析。

在有效应用这个模型的时候,需要注意几个事项。企业如何根据自己的战略和自身的优劣势来应对动乱,如果不是从这个方面来看待所收集的外部信息,那么不是所有的外部信息都是有用的。与东道国政府建立积极互利的关系,从长期来看可以把风险最小化,而且能够壮大企业的实力。直观地来看,如果跨国企业愿意使用当地劳动力、适应当地条件、满足当地需求、与地方官员合作,可以说,企业将减少遭遇微观风险的几率。

最后,企业必须了解自己对风险的承受力。比如说,在能源市场上经营的企业必须具备很强的风险承受力,依靠精心制订的应急计划来抵消风险。相比之下,制药企业的风险承受力相对很差,所以这些企业选择的环境比较稳定。要不断监控企业的优势、资产、负债和应急计划。风险综合管理办法很有用,因为从概念上讲,风险综合管理要考察所有不确定性之间的关系,而不是独立看待这些不确定性。

企业对不稳定环境的反应通常比较迟钝,因为人们有一种天性,就是把发生不幸事件的可能性最小化,或者否定这种可能性的存在。建立组织文化是有好处的。在这种文化中,不让人们否定风险,鼓励人们对潜在的风险情况进行想象和预测,并对此进行奖励。外地雇员是发生变化的最佳前兆。企业上下的沟通渠道通畅吗,特别是那些远在他国或独自在国外工作的员工?企业的组织方式能不能让关于政治变化、事件、风险和发展趋势的重要信息尽快地到达决策者那里?员工是否知道他们可以带着"假设分析"的情况来见你?

如果这些回答都是肯定的,那么令人满意的政治风险分析会让企业和决策受益。如果回答是否定的,再多的政治风险分析也不能使企业在国外免遭厄运。

案例分析　　Baser 食品公司——运用阿龙和马丁模型进行政治风险分析

　　Baser 食品公司是 Baser 控股集团在土耳其的子公司。这个集团是一个家族企业，成立于1973年。该集团还涉足纺织、塑料、化学药品和金融等行业。Baser 食品公司旨在生产质量最好的橄榄油，在橄榄油行业建立起国际声誉。2001年，人均年收入超过 2 000 美元的国家和拥有上流社会（这些人比较容易改变饮食习惯，而且能够消费得起橄榄油）的比较大的发展中国家成为 Baser 食品公司计划拓展市场的目标。

　　中国是有待拓展的潜在市场，但需要投资。因为至少需要 100 万欧元来做市场营销，培养消费者，让他们认识橄榄油的好处，并努力改变他们的饮食习惯。此外，先占策略的好处在生活质量正在改善的市场里是显而易见的，因为 GDP 在增长，人口受教育程度越来越高。Baser 考虑的其他市场有加拿大和澳大利亚。尽管这些市场都比较稳定，但能够赚取的利润相对较低，竞争也很激烈。

　　Baser 的管理层认为，要想知道打入中国市场的利益是否大于风险，政治风险分析是很有必要的。企业委托顾问来研究收益情况，而让资深的内部分析师作政治风险分析，并拨付了预算。这位分析师运用本章介绍的方法形成了如下信息：

1. 发生在中国的风险因素的表现（感觉）

- 内部的政府因素：官员腐败、政府管制、国家改革、地区之间的推诿现象。
- 内部的社会因素：局部地区不稳定。
- 内部的经济因素：存在贫困地区、经济发展不均衡。
- 外部的政府因素：外交问题、边界冲突。
- 外部的社会因素：恐怖主义的威胁。
- 外部的经济因素：贸易条件的变化。

2. 给每个变量打分

	内部		外部	
政府因素	对精英压制的程度	−2	发生政治暴力的可能性	−1
	精英的合法程度	−2	加入国际组织	2
	政权更迭的可能性	−2	规章制度的限制	−2
社会因素	分裂程度	1	国际舆论	1
	全面分裂的程度	1	撤资压力	2
	疏离感	2	地区多样性与利益冲突	0
经济因素	人均GDP增长率	2	对国外投资的政策	0
	收入分配	1	发生债务问题的可能性	1
	实现经济目标的可能性	−2	发生货币问题的可能性	2

3. 给每个变量分配权重

	因素重要性权重：橄榄油行业	得分
内部的政府因素	0.2	−1.2
内部的社会因素	0.2	0.8
内部的经济因素	0.15	0.15
外部的政府因素	0.15	−0.15
外部的社会因素	0.2	0.6
外部的经济因素	0.1	0.3
总得分		0.5

这位分析师算出的中国宏观政治总得分是0.5，分值区间是−2~2。可以看出，这是中等的而不是很高的风险等级。在作政治风险分析时，分析师注意到，中国长期存在很多不确定性，企业在制定决策和计划时需要考虑这一点。在这些最令人关注的问题中，这位分析师提出了如下问题，需要在作进一步的分析时考虑：

● 在现任政府的领导下，经济能否继续以稳健的速度增长？

● 当前的政治体制会不会改变，这是有助于稳定还是妨害稳定？

● 本土竞争者，也许还是国家资助的竞争者，有多大可能进入橄榄油市场？

- 在企业的价值链上，哪些部分最容易受到政治风险的影响，比如说，雇佣中国员工，使用中国经销商，找到合适的广告媒体等？

管理层认为，他们对把市场拓展到中国这个选择比较了解。此外，还存在一些来自其他渠道的建议，所有这些使他们对制定出正确的决策更加充满信心。

资料来源：Alon & Martin（1998），CIA World Factbook（2005）https：//www.cia.gov/library/publications/the-world-factbook/，Leiberthal & Leiberthal（2003），Bremmer（2005），*EIU Country Profile—China*（2005）.

第九章 情景分析

描述与目的

情景是对未来前景的详细描述，它建立在对一个经济体、产业或者技术的演变至关重要的一套假设的基础之上。情景分析是系统地展开多个情景来处理决策时常犯的两个错误——对变化预测不足或者预测过度。情景分析的目的是给战略思想确立一个共同的底线，提供战略预警。

在出现下面的情况时，面临挑战的企业会从情景规划和分析中受益。

- 与管理人员的预测能力或者适应未来的能力相比，不确定性很大；
- 过去发生过很多损失很大的意外事件；
- 企业感觉不到或者创造不出新的机遇；
- 战略思想的质量相对很低；
- 本行业已经经历或即将经历重大变革；
- 企业需要共同语言和框架，不需要令人窒息的多样化；
- 意见分歧很大，而且有不少值得称道的观点；
- 企业的竞争者正在使用这个方法。

情景分析法综合了定量分析法和定性分析法，对未来环境变化作出多个可能的情景设想，然后把这些情景转变成能够管理的多种可能性。灵敏性分析表现在确定独立变量的关系上，把趋势和模式区分开，以避免在战略决策过程中出现盲点，为未来决策提供框架。

随着时间的推移，一个行业的魅力水平会发生变化（想了解更多的内容，请参见第六章）。预测如何变化，确实很难。如果存在很大的不确定性,情景分析法将帮助决策者和管理者们更好地为未来作准备。

情景是建立在精心构想的情节之上的有关未来的故事。产业情景详细、内在一致地描述了产业的未来情况。一个情景就是这个产业可能出现的形态,而一套情景可以有多个结果。接下来,可以用这一套情景来设计竞争行动,并对其进行评估。

有四种个比较通用的方法来设计情景。

定量分析法

电脑生成的计量经济模型

这个模型试图把很多已被识别的趋势之间的相互关系综合起来。通过改变一个变量,可以分析下游效应及其对第一个变量的影响。

定性分析法

直觉法

这个方法不承认定量分析法,而是强调定量变量,认为定量变量能够对未来产生不同程度的影响。在此方法中,基本趋势被识别,并被用来预测未来,从而构建一个可以确定的未来。要想做到这一点,需要改变一些趋势,以便考察其他可能的结果。尽管直觉法很简单,从这一点上看比较有吸引力,但它比较抽象,而且缺乏系统程序,不实用,因此很难推行。

德尔菲法

在运用这个方法时,针对目前和未来可能出现的趋势,分别对企业内部和外部专家组成的小组进行问卷调查(以便减少对对方的偏见)。在反复几次后,对结果进行统计和对比,从而形成一个大多数人达成的一致看法和不同的意见。德尔菲法试图确定那些在将来失去影响的事件和议题的连续因果路径。

交叉影响分析法

这个方法也是寻求专家的意见,但增加了专家对未来趋势或者事件发生的可能性和发生时间的预测。分析结果就是确定未来事件发生的可能性和时间框架的概率分布。可以通过影响这些事件，来消除一个趋势或事件对其余趋势或事件的影响。交叉分析法把重点放在各种已被识别的影响未来的各个事件/因素/议题之间的相互依存关系上。

综合情景分析法倾向于采用定性分析法，是当今比较常用的方法。该方法侧重于定性描述，而这些描述对主要的未来构想提出了质疑。最后，制作的很多情景通过演绎法或者归纳法对其进行简化（见图9—1）。通过**演绎简化法**简化因素的数量，考虑每个情景的描述总主题，接着再考虑影响每个情景的主要因素。与此相比，**归纳简化法**把因素简化到可以管理的数量，然后把潜在的未来价值观具体化，并对这些因素进行多次组合，以得到可信的情景。

归纳法和演绎法都有其效果，但同时也蕴藏风险。演绎简化过程让分析师把很多因素综合起来，形成几个描述未来的故事，但此法也会省略因素的重要组合。因此，可能会失去关键的情景。归纳简化法，由于它首先压缩了因素的数量，所以也可能省略了重要变量。

为了避免这两个盲点，一般情况下，应该同时使用这两种方法。一旦确定了投入因素的可管理数量，情景就可以经受得住更加缜密的分析。

无论使用哪个情景分析法，通常会制作出五类具体的情景：

- STEEP情景。此类情景重点关注企业外部发生的事件。不太可控的因素是社会因素（S）、技术因素（T）、经济因素（E）、环境因素（E）和政治因素（P）。STEEP**情景**和传统的STEEP**分析**之间的重要区别是，STEEP情景包含了因素之间的相互依存关系，由此产生的新的竞争条件是STEEP分析无法识别的。
- 敏感度情景。这个情景的关注点范围与STEEP情景相反，因为企业能够控制的内部因素是这类分析的主题。最常见的是金融部门使用的电子数据表。
- 产业情景。此类情景关注的焦点是与商业模式相关的具体产业的议题和发展趋势。它有别于其他的产业分析，因为它分析了一段时期内的趋势、事件和议题的顺序。

- 多样化情景。它关注的是具体产业的议题和发展趋势,这是与企业在未来可能寻求的商业模式相关的,包括那些与并购可能性有关的议题和趋势。它在本质上具有探索性,目的是识别企业所在产业在当前和未来的发展趋势。此外,这类情景分析也对产业转移的前景给予了展望。
- 公共议题情景。通常,有些企业不同程度地面对具体的公共议题或者与利益相关者有关的事件,这些企业会制作公共议题情景。比如说,石油公司可能把情景分析的重点放在能源经济上,它们制作出能够想到的情景,这些情景涉及企业联合力量的影响,企业现在和未来的商业模式在探索、发展和税收等方面的内容。

要想成功制作情景,最重要的是让管理高层积极参与进来。这将有助于使情景分析的那些看起来比较抽象模糊的内容,让管理团队中负责为未来竞争作好准备,以及负责为未来竞争作决策的不同成员看来比较确切真实。另外一个重要的成功因素是聘请不同背景的分析师。在这一点上,具有人文和社会科学背景的分析师能给情景制作过程增添丰富的背景价值。除此之外,他们更容易接受那些与未来环境有更多关联的不确定的质量因素,而那些更加注重技术和定量分析的分析师却做不到这一点。另外,由于他们的观点相反,所以在情景制作或者分析过程中,他们很有可能是战略的挑战者。

情景分析法的优点

企业在产业演变的过程中,如何确定竞争优势或主要成功因素的来源,情景分析法可以派上用场。每个情景的结果都可以被用来预测竞争者的进攻行动和防御行动。

情景分析需要内部意见一致,这要求分析师明确处理很多相互关联的顺序和因果路径,因为它们有可能产生可信的未来情景。衡量一个情景是好是坏,不是看它是否准确刻画了未来,而是它能否让企业的决策者去了解、适应并充实正在进行的"战略对话"。通过这个了解过程，企业管理层能够更好地理解把投资战略选择视为风险应急战略的重要意义。为了减少企业对外部环境的认识盲点，情景分析是可用的最佳工具之一。

此外，情景分析法极具灵活性，因为这个方法所呈现的量化/质化或正式/非正式的特点可以被修改，从而适应企业的文化和业务范围。

尽管情景分析往往从原始的分析材料中吸纳预测方法，但它深入了一步。通过叙述故事，情景分析从传统预测结束的地方开始。通过对未来的可能环境进行非正式评估，情景分析能够把相关变量包括进来，而这些变量超出了已被确立的预测方法的量化范畴。

情景分析是一个很有用的方法，因为它能够缩减海量的数据和信息。它设置的结构有助于管理层了解未来的竞争环境。从程序角度来看，它有更大的自由度，因为它不必抓住所有的细节。此外，它也提高了企业在瞬息万变的环境中快速反应的能力，因为它可以

- 确保企业不把着眼点放在排除机遇的突变上；
- 帮助企业更加慎重地配置资源；
- 维护企业的选择；
- 确保企业往前看，不往后看；
- 给企业提供演练未来的机会。

情景分析法的缺陷

当企业使用情景分析法去改变战略构想和规划时，这个分析法的潜在缺点就暴露出来了。情景分析能让企业看到预先确定的战略可能产生的后果，不管这个战略是企业当前采取的还是未来可能采取的。严格意义上讲，这是一个分析法。它也许会支持、剖析某个战略，并使之形成书面文字，但它不会产生新战略。

一定要避免选择最适合企业当前实力的情景。你需要摆脱这个自然倾向，不管企业目前的竞争地位如何，都必须客观对待每个情景成为现实的

真正可能性。

让管理层一致同意情景,这是很重要的,但这做起来并不是那么容易。由于情景常常包括"婉转的"、"模糊的"、量化的分析资料,让人们意见一致需要作出很大的努力,花费很多时间。与制作复杂的情景相比,制作简单的情景往往需要作出很多取舍。

由于情景分析法在概念上很简单,所以很受欢迎。制作情景时有一个很难作的取舍,这便是"准确性"和"方向"。不过,鉴于多数情景都是宽泛的、宏观的,让管理者和决策者透过基础情景来理解竞争和金融的含义是很困难的。

如何操作

尽管情景分析有点儿像讲故事,但它有系统的、比较明显的阶段。这个过程具有高度的互动性、积极性并充满想象力。它把需要作的决策分离出来,这对决定一个人看法的意境地图(mental map)提出了严峻考验。与此同时,它也从非正规的渠道搜寻信息。

图9—1对这些阶段进行了概括。

尽管情景分析并不是只有一个正确方法,但可以从很多人使用这个方法的经验中总结出几个比较实用的指导原则。我们下面介绍的这个关于制作情景的过程是由休梅克(Schoemaker)提出的。

1. 界定分析的范围。从产品、市场、客户群、技术或地理区域方面,确定时间框架和分析范围。时间框架取决于几个因素,包括产业或产品生命周期、政治选举、竞争者的规划范围、技术变化的速度以及经济周期等。一旦确定了合适的时间框架,需要弄清楚在那个时间点上对你所在企业最具价值的因素是什么。

2. 识别主要的利益相关者。哪些当事人会对未来重要的议题感兴趣?而谁又会受到这些当事人的影响,谁会影响他们?识别利益相关者当前的作用、兴趣和实力地位,然后评估他们一段时期以来是如何变化的。

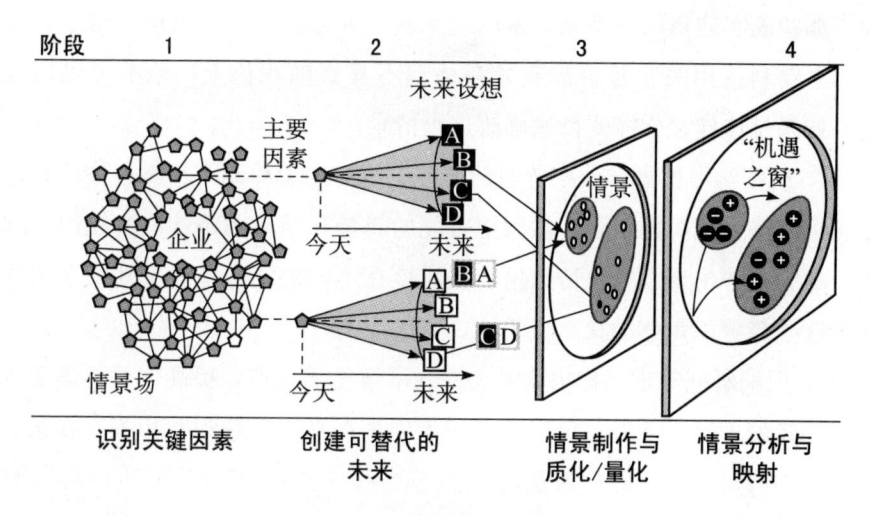

图 9—1 情景制作的四阶段

资料来源：A. Fink, A. Siebe, and J. Kuhle,"How Scenarios Support Strategic Early Warning Processes," *Foresight* 6（3），2004：173-185.

3. 识别基本趋势。什么产业和 STEEP 趋势有可能影响你在第一步识别的议题？简单解释一下每个趋势，包括它如何（积极地、消极地或不确定）影响你的企业及其原因。关于有些趋势可能的持续状态存在着不同看法，需要在下一步解决这些趋势。

4. 识别不确定因素。什么结果和事件不确定，或者什么会极大的影响你关注的议题？为每个不确定因素确定一个可能的结果（比如说，通过或否决立法，开发或不开发技术）。此外，努力确定这些不确定因素之间是否存在关系，排除那些似乎不合理的组合（比如说，稳步提高政府和私人债务和赤字，同时稳步降低利率）。

5. 形成最初的情景主题。可用的有几种方法，包括：选择最重要的两个不确定因素，并对其评估；围绕高低连续性、准备的程度等，把各个可能的结果集结起来；把所有积极因素放在一个情景里，把所有负面因素放在另一个情景里，来识别极端的情况。

6. 检查一致性和可行性。请评估下列内容：趋势与选择的时间框架相容吗？如果回答是否定的，除去那些不合适的趋势。接下来，情景是否综合了那些确实连贯的不确定因素的结果呢?如果没有,取消那个情景。最后,主要利益相关者是否被安置在他们不喜欢的职位上,是不是可以改变?如果是这样,你需要彻底修改这个情景。

7. 制作学习情景。一些普遍的主题应该产生于前几个步骤。你的目标是识别战略上相关的主题,然后把可能的趋势和结果围绕这些主题组织起来。尽管趋势出现在每个情景里,但应该在不同的情景里适度地或多或少地给这些趋势以足够的权重或关注。

8. 识别研究需求。你也许需要深入了解你的盲点,提高你对不确定因素和趋势的理解。例如,可以考虑一下你是否真正了解利益相关者在某一个情景中有可能采取的行为方式。

9. 建立定量模型。反复考察情景是否存在内部一致性,评估某些相互作用是否需要通过定量模型来成形。模型可以帮助你对各个情景的结果进行量化,避免管理人员误入不可行的情景。

10. 向决策情景演变。不断对照你最终用来检验战略并生成创新观点的情景。问问自己,这些情景是否解决了你们企业面对的议题,它们能否激起你们企业决策者的创造力和判断力。

理想的情况是,这些步骤最后形成了三四个精心构思的情景情节。如果情景想发挥学习工具的作用,它必须建立在对决策成功至关重要的议题基础之上。能够被充分制作并被人记住的只有为数不多的几个情景,每个情景应该代表一个比较可信的可供选择的结果,这些情景不是最好的,也不是最差的,最有可能是一个连续的统一体。情景一旦丰满起来,被转换成叙述的形式,专家小组就会领悟它们的含义,并且对主要指标一直进行监控。

可以用下面的情景矩阵来表示(见图9—2)。

一旦定下了情景"情节"的数量,必须确定企业的战略意图。就是在这里,情景风险结束,战略决策开始。在应对未来不确定性时,企业有三个选择。

● 影响未来。对企业来说,最强硬的姿态就是成为一个形态转换者,

第九章 情景分析

		环境不确定性					
		制作外部情景					
		外部情景A	外部情景B	外部情景C	外部情景D	外部情景E	
内部不确定性	制作战略情景	战略情景1	+	++	●	++	－－	此战略情景能足以应对选择条件吗？
		战略情景2	++	+	+	++	++	
		战略情景3	－－	++	+	●	+	
		战略情景4	++	●	－－	●	++	
		战略情景5	－	－	++	+	－	

在具体的外部制作中，哪个是最佳战略（情景）？

图中：++ 很强的正相关
　　　 + 正相关
　　　 ● 没有影响/中性
　　　 － 负相关
　　　－－很强的负相关

图 9—2　情景矩阵

资料来源：A. Fink，A. Siebe，and J. Kuhle，"How Scenarios Support Strategic Early Warning Processes," *Foresight* 6（3），2004：173-185.

采取的手段是通过对未来趋势作判断（如技术断层或流动壁垒松动），来界定未来情景的竞争参数。

- 适应未来。这是一个基准方法，它把企业放在经营良好的位置，以便当趋势一展开就利用它。
- 战略选择。这是一个比较保守、先发制人的战略，尽可能以最小的投入获取或购买战略选择，同时避开明显的劣势。

这三个战略机遇提供了不同程度的风险，也提供了不同程度的潜在回报。

与传统预测或市场调研不同，情景展示了可供选择的未来图像，而不是从现在推测出目前的趋势。此外，情景也囊括了定性看法和有明显间断的可能事件，这是计量经济模型和其他处于稳定状态的定量模型所未包括的。制作情景需要管理者对自己关于企业运行方式的最宽泛的设想提出质疑，这样他们能够预见容易被遗漏或被否决的决策。在企业内部，情景成了共同语言，也为传达复杂情况和进行选择提供了有效基础。

优秀的情景看起来比较可信，但也可能出人意料，它们应该能够打破旧框框。通过使用情景，你和参与情景制作的同事实际上在预演未来情景。通过辨识警报信号和慢慢展开的情节，你可以避开意外，并采取有效行动。在一系列可能出现的未来情景之下，对一些决策进行预先测试。只有这样的决策才比较有可能经受住时间的考验，并带来操作性强又有回旋余地的行动方案。所以说，情景分析的最终结果不是为明天绘制出比较准确的画卷，而是为今天制定出更好的决策。

第九章 情景分析

案例分析 公布临床试验资料与影响/概率矩阵

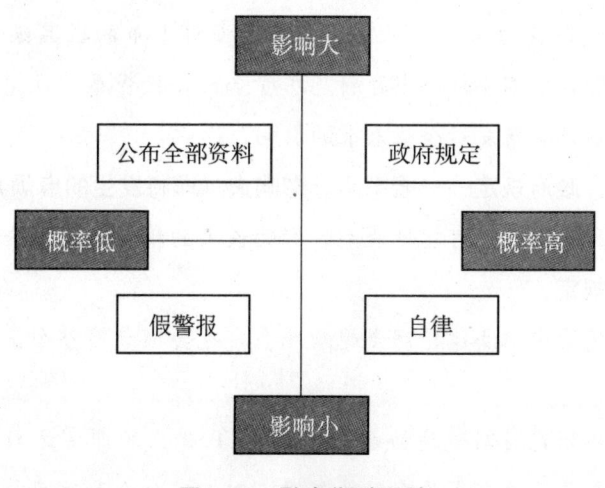

影响/概率矩阵被医药产业的决策者所使用，这些人关心临床试验，关注试验情况的披露问题。过去，制药企业通过临床试验来了解其正在开发或者销售的药品，但没有义务公布自己的发现。

在过去的两三年里，发生了几件事，这使得政府机构要求医药企业必须公布试验资料。2004 年，制药企业葛兰素史克（GlaxoSmithKline，GSK）遭到了纽约州检察长艾略特·斯皮策（Eliot Spitzer）的起诉，原因是这家制药企业欺骗性地扣留了抗抑郁药物帕罗西汀（Paxil）在儿童身上进行试验的资料。作为解决问题的一部分，葛兰素史克在公用数据库里公布了所有试验资料。这件事让很多利益相关者——从医药杂志编辑到美国国会——考虑为所有临床试验建立起一个永久性、涉及全行业的强制性数据库。这样，制药企业再也不能隐藏准确无误的资料。支持者认为，这会让医生和患者了解更多的药品信息。

作为行业决策者，我们运用影响/概率矩阵来探究多少资料会被强制公布，这类命令将如何改变医药企业的策略。图 9—3 是影响/概率矩阵，它展示了情景如何完成的情况。

图 9—3 影响/概率矩阵

情景一：假警报——概率低，影响小（昙花一现）

美国企业的注意力专注的时间很短，有时是一时的兴致或者是短暂的狂热，很快就会消失。在**假警报**这个情景里，新闻界来搅和，媒体厌倦了讨论像临床试验设计和资料公布这样鲜为人知的事情。在选举年结束后，政治的兴趣点也转移了。

在这个情景中，政治家取得了胜利，他们继续对工业而不是医药行业进行改革。选举年过去之后，没留下任何为赢得选举而提出的政治观点。新闻媒体发现，这个事件剩下的唯一需要讨论的细节很专业、很复杂，只有医药企业的管理人员、医生和食品药物管理局（FDA）的管理者愿意参与。

老龄化、医疗保险战以及不断增加的医药费用持续给医药企业施加全方位的压力，所以这个情景不太可能付诸实施。此刻，公众却没有转移视线。

情景二：自律——概率高，影响小（照常营业）

如果不发生意外的重大事件，医药企业决定自行增加公开的资料，政府也许会让这个行业在向公众公布信息方面自行管理。这是一个政府介入很少的情景，称为**自律**。

在这个情景中，医药企业都同意公布业已完成的临床三期试验结果，这对了解已经销售的药品是很重要的。对没有上市的医品继续进行临床二、三期试验，但不要求公布资料，尽管如此，投资界往往想了解这些资料。以便了解产品研发对企业未来的影响。

情景三：政府规定——概率高，影响大（即将发生的麻烦）

对医药行业来说，可能性最大、影响最大的情景是强制企业公布临床资料的**政府规定**。

在这个情景中，法律行动会越来越多，也会继续对整个医药行业施加压力。

美国药品研究与制造商协会（PhRMA）建立的非官方数据库，因为人们不愿参与，而没有成为有用的工具。对此，公众和政府的不满意度有所上升。

为避免被进一步采取法律行动，制药企业同意建立一个政府管理的数据库，公布临床三期试验资料。如果存在隐瞒情况，制药企业将会受到处罚。

情景四：公布全部资料——概率低，影响大（万能符）

如果传出比较多的有关药品安全或临床试验资料的丑闻，公众会对制药行业产生不信任感，政府机构可能会进而要求对所有研究活动进行登记，从临床前期试验到新药的使用。不管药品的市场潜力如何，都将要求**公布全部资料**。

所有参与活动都是强制性的。制药企业的其他活动也可能受到监控，包括销售代表对潜在客户所说的内容，以及医生提供临床信息的报酬。

这些情景的商业启示

影响/概率矩阵所描绘的一系列情景，都不同程度地要求医药行业公布资料。

下一步是要看这些情景的潜在影响。有如下几个：

- 沉默会赢。如果向公众公布更多药品试验结果的行动只是暂时的，那么精明的企业将成为该行动的追随者，而不是领导者。如果葛兰素史克和礼来公司（Eli Lilly）提供一个临床试验数据库，公布全部资料，它们将不得不面对可能产生的负面竞争后果，而其他企业则有机可乘。

- 公开事实成为一种生活方式。我们将进入政府监管医药行业的新时代。除了政府机构，也许还会有新的监管部门，企业需要加强自己的政府关系部门，因为规章制度都是具有强制性的。

- 第一个进入市场并不总是可取的，快速追随者获得新优势。公开事实的新时代会改变企业首次进入市场的方式。一般来说，第一个进入市场的企业往往得到很高的品牌认知度。现在，需要权衡一下。后进入者也许能够以较低的费用组织临床第三期试验计划。后进入者可以从竞争者那里了解到相关信息，以避免走弯路。

- 向世界上每个实验室学习。由于竞争者会看到试验设计方案、患者人数、终点以及试验结果，所以企业会毫无秘密可言。制药企业通过学习竞争对手能够提高自己的效率。由于竞争者的实验避免大家再犯的错误，并改进临床试验的设计方案，药品开发的总成本可以降下来。
- 减少研究。如果所有试验都必须进行注册，所有结果都必须公布，企业可能会限制研究。存在错误的试验方案甚至是探索性方案都会马上招致竞争者的批判。后营销研究比较开放，但肉搏战式的试验很快向竞争者发出进攻其市场份额的信号。肉搏战式的研究风险较大，因为像美国百时美施贵宝公司（Bristol-Myers Squibb）进行的"拿出证据来"（PROVE IT）抑制素研究的可能性不大了，这个研究无意中显示了辉瑞公司（Pfizer）的立普妥（Lipitor）具有的优势。制药企业可以采取目标比较明确的方法。
- 比较成功的研究。由于注册情况差、方法不确定或不被普遍接受的治疗效果，设计精良的试验也可能产生不利的后果。学习其他实验室的经验能帮助企业避免犯下容易犯的错误。

资料来源：Eric Garland, "Scenarios in Practice: Futuring in the Pharmaceutical Industry," *The Futurist*, January-February 2006: 30-34.

第十章 宏观环境分析

描述与目的

本章把关注点放在社会、技术、经济、生态和政治/法律（STEEP）等环境方面，因为这些因素影响着行业和企业的竞争力〔有时也把它们称为政治、经济、社会和技术分析（PEST）〕。这些因素往往被认为超出了单个企业的直接影响范畴。

为了更好地阐述本章的目的，也为了让读者更好地理解本章的内容，我们把这个分析法称为STEEP，你也可以把它简化成PEST因素。

尽管很多组织认识到了环境的重要性，但环境分析通常对战略分析与制定的帮助不大。这可能是因为组织认为环境的不确定性很大，很难有所作为，也可能是因为很多环境因素对组织的影响具有滞后性，或是间接的，往往不被比较关注日常业务的管理所注意。

分析家通常把环境划分成三个层面：大环境、经营环境和内部环境。

图10—1展示的是每个层面相互之间的关系以及与组织之间的关系。本书总体上提供的分析方法能让你理解在所有层面上发生的事情。

管理者必须意识到这些环境层面，懂得它们所包含的因素，尽量理解每个因素以及所有因素之间的关系如何影响组织的业绩。本章所描述的STEEP分析法将对你理解大环境有特殊的帮助。

大环境范围广泛，对组织及其战略的意义深远。通常认为，这些含义超出组织的直接影响范畴。比如说，政府的作用以及政府对某一行业的立法。

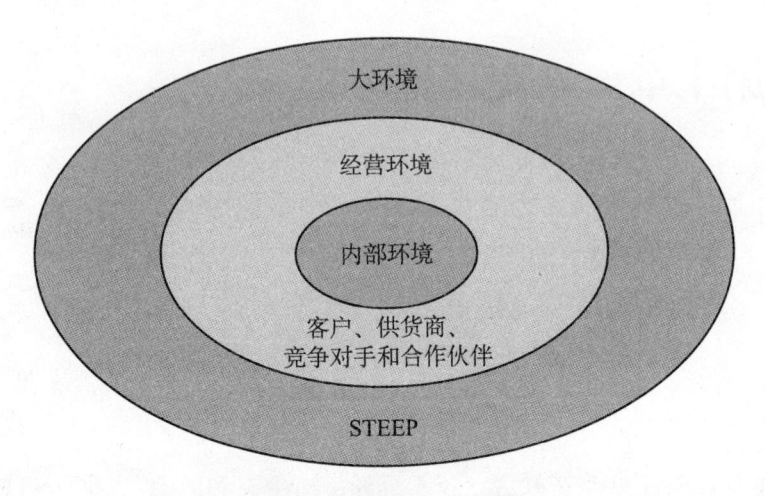

图 10—1 环境的三个层面

大环境可以分成子范畴或部分。一种有效的划分就是 STEEP 分类方案。如前文所言,这个方案有不同的名字,如 PEST、PESTLE、SEPTember、STEEPLES 等。重要的不是选择其中的哪个方案,而是要意识到这些部分或子范畴的主要目的是,在你作全面分析时不要忽视大环境的主要方面。

表 10—1 显示的是几个关键变量,它们都出现在图 10—2 确定的每个 STEEP 要素下面。STEEP 各部分并不相互排斥,各部分之间的界线是可以改变的。问题、事件或利益相关者实际上一次可以经历几个阶段。

表 10—1　　　　　　　　STEEP 的主要变量

社会的	技术的	生态的	经济的	政治/法律的
意识形态特点	拥有的专利权	空气和水的质量	GDP 增长率	政党的政策
联盟组织的类型	研发预算	回收能力	外汇储备	管理机构的能动性
社会各阶层的收入差距	一个地区大学的数量	动力源	通胀率	财产保护法的出台
经济和社会各阶层的人口比例	技术变化的速度	产品生命周期的演化阶段	收入分配水平与范围	影响政治决策的能力
社会各阶层的价值体系	技术群的出现	污染程度	利率	选举率及趋势

续前表

社会的	技术的	生态的	经济的	政治/法律的
公民的文化背景	进程的速度或产品的改进	原材料的可替代性	小企业的借贷水平	权力机构与决策机构的性质
出生率和死亡率	带宽容量	环境管理的水平	国际收支平衡	公众舆论

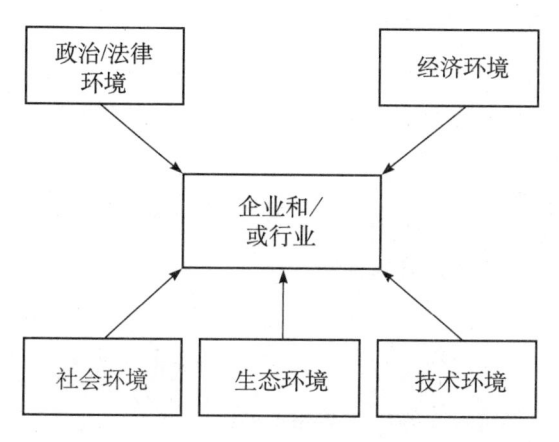

图 10—2　STEEP 分析要素

环境条件影响整个决策管理过程。组织不是在真空中经营，而有效决策管理的关键是能让作出的决定使所采取的行动与环境协调。在某种程度上，组织的内部条件尤其是它的优劣势、资源和实力将决定行动的成败。同时，行动在很大程度上往往受制于外部因素。在某种程度上，企业可以改变环境，使之有利于自己，或者采取措施使自己受到的损害小于竞争者。

宏观环境分析法的优点

宏观环境分析法的主要优点在于，它明确提出了管理高层面临的任务，其思维超出了当前的活动和短期的范畴，与此同时，依然与目前的短期活动保持经常性的理性联系以维护信誉。为了确保成功实施，宏观环境分析法需要在规划和操作上与目前的策划执行部门保持联系。因此，让组织的主要规划者参与宏观环境分析是非常重要的。

如果没有一个过滤过程,组织的决策过程会在很大程度上被弱化,因为这个过滤过程能让决策过程认识到外部发展的重要性和相关性。STEEP方法能够做到这一点。

此外,组织的决策者必须在STEEP的条件下制定结构化方法来识别和分析相关的趋势、事件和股东的期望。这包括对企业的业务及行动规划所涉及的环境变化进行系统性评估,在组织的决策水平上可以做到这一点,也可以通过突出功能的方式实现这个目标(例如营销经理的新产品,政府关系部门经理的游说战略)。

组织的成败在很大程度上取决于决策者如何准确解读宏观环境、如何作出回应。因此,管理者必须谨慎考虑由谁来收集信息,如何组织和运用信息流——组织内部的专家组成的跨功能小组往往能够有效地进行宏观环境分析。得到管理高层的支持与鼓励是成功的重要因素,当然,建立合适的支持体系也对成功起着至关重要的作用。

为了实现宏观环境分析的目的,分析必须"符合"组织的战略、文化、规划流程以及决策者所具有的独一无二的风格。

此外,成功的宏观环境分析也需要符合决策者的信息需求。当然,这些信息需求会随着时间的变化而变化,所以你要根据这些变化对宏观环境分析作出调整。

如果所采取的行动和作出的评估都恰到好处,有效的宏观环境分析对竞争力是有积极影响的。长期来看,适时的行动会收到良好的效果。

宏观环境分析法的缺陷

几个实证研究表明,宏观环境分析的STEEP法会随着时间的推进很难有效地进行操作。不同的宏观环境背景(比如说动态或静态的,简单或复杂的,连续或不连续的)也会对分析的有效性产生影响。

宏观环境分析中存在的问题往往分成以下几种:

- 解读。组织的决策者常常难于界定他们的宏观环境是什么，难于解读宏观环境变量所产生的具体类型的影响，对组织选择作出的有效反应的本质也难于解读。在解读宏观环境要素方面存在的不足包括：不能组织有意义的研究，不能显现经济影响，不能综合长短期的启示，缺乏管理高层参与分析，难于把潜在的机遇转化成行动规划以及挪用精确分析所需要的时间和资源。
- 缺乏准确性和不确定性。这类问题包括分析结果不精确、对结果的不信任，原因是存在太多的含糊与不确定之处。这可能是因为很难对宏观环境事件及其趋势进行描述，难以用恰当的语言来恰当地描述不确定的内容。此外，对 STEEP 的影响力、社会与技术的变革和发展趋势也很难作出准确预测。
- 短期性。很多决策者不喜欢现在把"真"钱花在明天的投资上，他们主要关注短期的事情。STEEP 的很多变量需要很多年才能发生变化，常常比组织中需要理解它们的分析师和决策者的任职期限长。
- 不被接受。宏观环境分析的价值不被接受，这可能是由于管理层对该分析的价值缺乏理解，难于鼓励部门管理者运用该分析结果，加之他们抵制改变预测的方法。此外，在管理者中普遍存在这样的观点，即他们已经是这个过程执行和管理方面的专家。另一个相关的问题是，没有把 STEEP 的分析与竞争的含义联系起来。使用这个方法的主要目标应该在宏观环境分析的基础之上认清其对组织的竞争意义。
- 感知错误。管理层的视野有限，或者对宏观环境的感知有偏差，比如，从国家的角度看问题，而不是从全球的角度看。
- 多样化的企业。人类的弱点、已有的经验和偏见都能对宏观环境分析产生影响，特别在跨国环境下更是如此。因为母国的偏见和态度往往让组织把自己的经历、观点和理解加在变量上，而变量发挥作用的方式不被 STEEP 因素所理解或支持。

如何操作

你所界定的宏观环境范围包括分析的宽度、深度和预测广度。宽度指的是所收集的宏观环境资料的主题范围；深度决定了所收集和分析的 STEEP 数据详细的程度；预测广度通常跨越短、中、长期，并受相关组织所处的特定环境的制约。

为了确立宏观环境范围，要从以下各方面来核查组织的战略规划：地理范围（竞争的区域和不竞争的区域），产品或服务范围（细分市场、种类），承诺固定资源回报的时限、技术与创新，资源的来源（人力资源、资本以及其他财务资料与原材料），管理问题及弹性。请注意，这个过程的目的是执行任务，但同时受到现有资源的制约。

一旦确定了宏观环境范围，STEEP 的五个部分可以用下面的五步法来进行分析：

1. 了解正在分析的细分环境；
2. 了解趋势之间的内在关系；
3. 把趋势与问题联系起来；
4. 预测议题的未来发展方向；
5. 推导启示。

步骤一：了解正在分析的细分环境

细分环境中的主要事件及趋势是什么？ 在不同的 STEEP 范畴里，事件是很重要的。趋势是事件发生的总走势及过程。比如说，在社会细分环境里，你要注意掌握工作与娱乐、消费与储蓄、教育、旅行、宗教活动以及家务的发展趋势。

支持这些趋势存在的证据是什么？ 掌握支持趋势存在的数据或证据是至关重要的，因为只有这样才能对这些趋势的发展方向及变化情况进行不断的监控和预测。

历史上，这些趋势是如何演变的？如同产业、产品和组织一样，趋势也有明确的生命周期——起步、发展、高潮和衰退。你需要认清趋势位于其生命周期的哪个阶段。了解趋势的周期对于认清它们以后的变化是非常重要的。

趋势出现的变化和骚动的性质及程度是什么？趋势是根据变化率、大小和分级来波动的。趋势的变化率要求你集中精力注意趋势在生命周期中是加速的、减速的，还是保持静止不变的。趋势的大小看的是趋势展开的程度，以及它是否在或大或小地影响着或多或少的群体。趋势的分级看的是趋势与其他趋势之间的关系，以此来了解焦点趋势是否在影响其他趋势，或者被其他趋势所影响。

趋势对组织的影响属于哪一类？从概念上讲，趋势对组织的影响有三类：

- 消极影响。这与影响组织实现目标的能力有关。此外，这些影响也妨碍组织执行当前的战略，加大执行现有战略所产生的风险，提高执行这些战略所需要的资源水平，或者认为这个战略不再适合。
- 积极影响。这些影响与组织实现目标的可能性相关。这类趋势会支持或强化现有的战略，增加组织实施可执行战略的可能性，或者在组织现有的任务框架内，一个或多个战略发生变化的时候，提出可利用的新契机。
- 中性影响或零影响。这可能是起稳定作用的因素或是不相关的因素，这些因素也可以让决策者对自己的战略更加充满信心。

步骤二：了解趋势间的内在关系

趋势间的内在关系是什么？想要了解内在关系，你要认清 STEEP 的不同部分和子部分的影响。看看在哪些领域里，趋势暗示着要对预期的演变路线进行重新界定或更改，它们在哪些领域里相互补充。

趋势间的矛盾是什么？趋势往往此消彼长，相互抵制。例如，人们在更加勤奋工作的同时，也在寻求工作之外与家人在一起的时间。

步骤三：把趋势与议题联系起来

对一个组织或产业来说，不是所有的趋势都是同等重要的。有些趋势会直接影响组织，而另外一些趋势对组织的影响微乎其微，这要取决于它们与组织的战略和执行情况是如何相互作用的。机敏的分析家会认清那些对组织的目标影响最大的趋势以及各种趋势的组合。最重要的趋势被界定为组织的"议题"。这就是 STEEP 和议题分析（见第七章）互补的地方。

步骤四：预测议题的未来发展方向

评估基本要素。要想预测"议题"里的一个趋势或一系列趋势的未来变化动向，需要对议题后面的推动因素进行分析。你必须具备分清表征与原因的能力。这是一个难度很大的工作，因为推动因素往往相互抵消，而且同时朝多个方向发展变化。一旦准确地识别了原因，就能作出议题演变的多种预测。

对议题作出多种预测。为了避免单一预测带来的局限性，制订多个预测方案或预测情景是很有用的。每个情景都代表着围绕已被认清的趋势所形成的对未来的不同看法。比如说，为议题发展确定一个最佳的、最差的和中性的案例情景。然后，针对情景提出一系列问题，来测试它的准确性，如：推动趋势发展的基本要素是什么？这些要素继续推动的可能性有多大？

步骤五：推导启示

宏观环境分析应该有助于组织的战略规划，应该为规划的形成提供信息。从分析中得到的启示应该集中在三个方面，特别是以下几个方面：
1. 围绕你们产业及产业内的任何一个战略群的结构性力量；
2. 它们如何影响你们组织的战略；
3. 它们会怎样影响竞争者的战略。

这类评估应该为确定未来战略提供重要的信息。

第十章　宏观环境分析

案例分析　品牌的生与死

目前装饰我们家庭和办公室的一些大品牌在未来都要面临衰落和消亡的命运，与任何一个产品和服务一样，品牌受到内部环境（微观）和外部环境（宏观）的影响。比如说，我们可以考虑STEEP分析要素以及它们对品牌和市场的影响。

社会层面

产品和与产品相关的品牌可能渐渐地不被社会所接受。此外，与受消费者欢迎的老品牌相比，人们往往更关注比较新的或更吸引人的品牌。而且消费者的品位随时都在变化，品牌也许会落伍，从而面临迅速衰落的危险。换句话说，组织没有考虑到品牌的健康状况。

技术层面

技术能对业已存在的市场产生剧烈的影响，产生巨大的破坏或促进作用。互联网的普及让传真机退出了市场，对像LP（慢转密纹唱片）、盒带和CD这样的传统录音介质产生了极大的冲击。纳米技术会改变什么产品和/或服务呢？

经济层面

经济衰退会对目前消费者能否继续购买某些品牌产品，特别是那些取决于可自由支配的收入的奢侈品或休闲类产品产生重大影响。同样，石油等原材料价格上涨会影响品牌的财务业绩。如果经济长期不稳定，品牌的未来发展也就处于危险之中。需要记住一点，在考虑经济问题时，应该考虑全球的经济问题。

环境层面

全球变暖在未来会对品牌产生影响，也许现在已经开始产生影响了，只不过很难确定在哪些方面。汽车生产商，无论身处何处，都需要考虑淘汰目前的发动机，更不用说要深入考虑产品的生命周期，而不能仅限于发挥作用的期限，要考虑得更加长远（从摇篮到坟墓的思维）。那些投资可替代能源如燃料电池的企业最有可能延长品牌的寿命。

政治层面

如果一个国家政治不稳定，经济也很有可能不稳定。这对定位在某个特定国家市场的品牌会产生重大影响。如果一个品牌占据地域或者国际市场，这种消极影响会得到控制，或者在那些额外市场里受到保护。

政治也包括恐怖行为。泛美航空公司的一架飞机在苏格兰洛克比上空坠毁，标志着曾经主导市场的这一国际品牌走到了尽头。

法律层面

在一个市场里，法律形势往往与政治形势联系起来。法律的变化对品牌的寿命能够产生重大影响。这可以体现在很多烟草品牌上，由于限制/禁止宣传或使用该品牌，该品牌的市场占有率大大下降。有些企业开拓了不同的产品领域，从而保持对品牌的影响力或利用率。

通过对这些影响因素的了解，组织可以审视自己的品牌在市场中的地位。此外，根据对 STEEP 要素的发展趋势的领悟，能够对品牌的可能结果作出预测或进行情景规划。仍以烟草品牌为例，当一个烟草品牌面临全球对其宣传及经销采取越来越严格的限制时，它会打入其他商业领域以使自己的产品多元化。它也可能给现有的品牌注入新的活力，去开辟新的市场。万宝路就进行了多元化投资，通过自己的店铺来经销各类服装。

资料来源：J. Groucutt, "The Life, Death and Resuscitation of Brands," *Handbook of Business Strategy* 2006：101-106.

第十一章　SWOT 分析

描述与目的

　　SWOT 分析法（优势与劣势、机遇与威胁）常被用来评估企业内部资源和潜能（即优劣势）与外部可能性（即机遇与威胁）之间的匹配程度。

　　企业对其内部环境——包括资源、文化、操作系统、人员配备情况以及企业管理人员的个人价值观——的实际控制力是很强的。这些领域一般受到企业主管人员决策的影响。

　　企业对外部环境的控制力很弱。外部环境包括市场需求，市场饱和度，政府政策，经济条件，社会、文化和道德的发展水平，技术进步，生态发展状况（若想更多地了解 STEEP 内容，请参见第十章）以及波特五力分析的组成要素（即竞争程度、新进入者的威胁、替代产品的威胁、购买者的议价能力以及供货商的议价能力。请参见第六章，详细了解五力分析模型，也就是产业分析）。

　　肯·安德鲁斯（Ken Andrews）被认为是 SWOT 分析法的先驱，他在 1971 年介绍了企业内部环境与外部环境之间的战略匹配，是首次正式提出战略匹配的战略理论家之一。他认为，SWOT 分析可以让企业使用最佳方法来发挥自己的优势，利用机遇，合理匹配自己的优劣势以抗击外部威胁。图 11—1 显示了 SWOT 分析背后的思维和战略疑问。图 11—2 展示了 SWOT 分析的过程。在现实中，多数经理只做图 11—2（a），而且还可能做得不对。

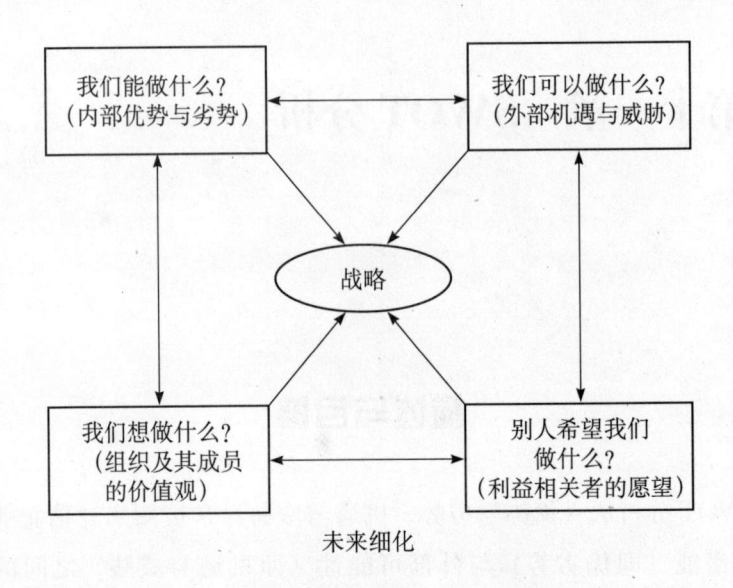

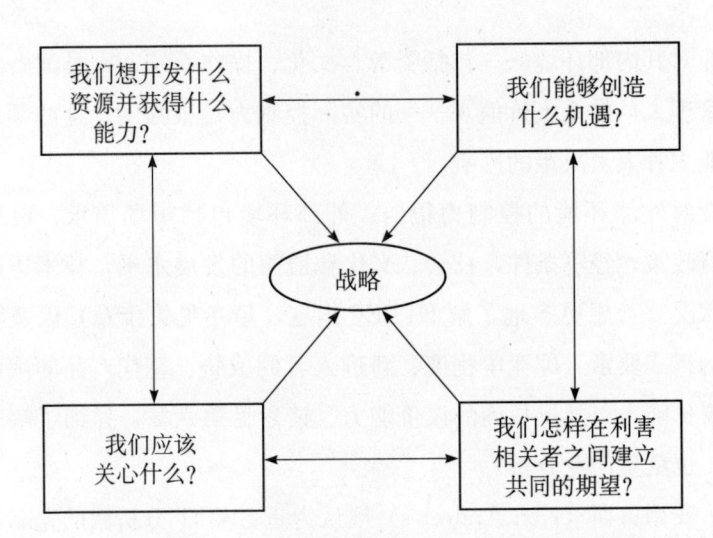

决策的 10 个工具
Analysis without Paralysis

[图示：上半部分]
- 我们能做什么？（内部优势与劣势）
- 我们可以做什么？（外部机遇与威胁）
- 我们想做什么？（组织及其成员的价值观）
- 别人希望我们做什么？（利益相关者的愿望）
- 中心：战略

未来细化

[图示：下半部分]
- 我们想开发什么资源并获得什么能力？
- 我们能够创造什么机遇？
- 我们应该关心什么？
- 我们怎样在利害相关者之间建立共同的期望？
- 中心：战略

图 11—1　SWOT 分析法的根源：指导战略选择的关键问题

资料来源：James G. Clawson, Strategic Thinking (University of Virginia Graduate School of Management, UVA-BP-0391, 1998) p. 4-5, Darden Graduate Business School Foundation, Charlottesville; VA.

SWOT 分析法可以被用在企业的很多领域，包括产品、分工和服务。该分析法比较简单，使用起来很方便，所以是颇受欢迎的方法，特别在确

内部优势 1. _____ 2. _____ 3. _____ 4. _____等	内部劣势 1. _____ 2. _____ 3. _____ 4. _____等
外部机遇 1. _____ 2. _____ 3. _____ 4. _____等	外部威胁 1. _____ 2. _____ 3. _____ 4. _____等

图 11—2（a） SWOT 分析法：识别、分析战略议题并对其进行评级

		内部因素	
		优势	劣势
外部因素	机遇	相对于外部机遇的内部优势 1. 2. 3. 4.	相对于外部机遇的内部劣势 1. 2. 3. 4.
外部因素	威胁	相对于外部威胁的内部优势 1. 2. 3. 4.	相对于外部威胁的内部劣势 1. 2. 3. 4.

↓

竞争优势

图 11—2（b） 详述 SWOT 分析法的变量及制定战略以改善匹配状况

定企业应对环境的能力方面更是被普遍使用。不过，它也是最常被误用、理解最不到位的分析方法之一。

SWOT 分析法是一个分析和探究企业情况的普通方法，往往被认为是"情况分析"。它指导企业主管人员为企业制定一个市场全景。

此分析法由外部因素和内部因素组成，它给管理层提供了某一特定市

场的力量、趋势和特点的概貌，让他们了解这些方面的情况。然后，从分析得出的看法被用来帮助管理层作出有见地的选择，决定采取哪些行动来保持企业的竞争优势（也就是说，在发挥优势的同时让自己的劣势最小化），并提高实现目标的能力。

企业分析外部环境的目的是识别当前及未来的机遇和威胁，因为二者会影响企业的竞争能力。

企业的外部环境主要包括两个层面：

- 与特定相关产业的经营环境。供货商、竞争者、客户、劳动力以及国际环境。
- 大环境。行业及企业所处的社会、技术、经济、环境及政治/法律（STEEP）环境。

环境分析能有助于管理者回答下列关键问题：

- 我们行业的竞争力是什么？它们对我们的影响有多大？
- 影响竞争的因素是什么？
- 竞争者对不断变化的环境的设想是什么？
- 哪些环境因素对我们竞争的成功至关重要？
- 当前，本行业的环境有没有吸引力？该吸引力的未来前景如何？

企业内部的经营环境也同等重要。为了更好地了解企业的能力，管理者需要认真分析成本动因、资源和潜能。

总之，SWOT分析能让管理者更好地了解那些对企业绩效影响最大的因素，并能够更好地予以回应。这些因素被称为企业的**战略议题**。战略议题可以存在于企业内部，也可以存在于企业外部，而且有可能对企业竞争目标的实现有着重大、长期的影响。战略议题一般可以影响整个企业。要想解决这些议题，企业需要投入很多资源。

从SWOT分析得到的信息有助于识别战略议题，如新技术、市场趋势、新竞争者以及客户满意趋势。这些反过来有助于企业对自己的战略进行诠释、调整、规划和执行，以解决这些议题。

不过，企业的内外部环境随着时间的变化而变化。要想对优势、劣势、机遇和威胁保持警醒的态度，企业需要处理这些不断变化的议题。

SWOT 分析法的优点

　　SWOT 分析法容易操作，可用来组织大量信息，也可以运用通用框架来了解和管理企业的经营环境。它也可以被用来分析很多议题，包括个人的、团队的、项目的、产品的、服务的和职能部门（如财务、营销、生产和销售部门）的、经营单位的以及企业的等等。对营利和非营利企业来说，效果都很好。此分析法可以让人们了解某一企业在实施战略方面成功或失败的原因。

　　与其他方法相比，SWOT 分析法不需要很多的外部信息、财政资源或者 IT 能力。在短时间内处理复杂情况时，此分析法能够提供一个有效框架来识别重要议题。

　　SWOT 分析法能使管理者把注意力集中在那些对企业影响最大以及那些凭借能力和资源可以有效应对的议题。此外，SWOT 分析法能指导使管理者对应对竞争环境可采取的行动进行分析，以评估企业的核心竞争力和资源。

　　当企业的不同部门——市场营销、生产和财务部门——共同进行 SWOT 分析时，此分析法对团队建设非常有效。比如说，管理者能够看到与自己专业领域最近的优劣势、机遇和威胁，并提醒其他部门和管理高层注意 SWOT 分析出来的重要议题。

　　对多种信息来源进行收集、解释并将其放在 SWOT 网格里（见图 11—2），这一过程也为进一步指导战略分析提供了良好的基础。

SWOT 分析法的缺陷

　　SWOT 分析法掩盖了很多复杂问题。管理者主要关心的是收集和解释关于环境因素的大量信息，并决定采取什么行动来应对。管理者对信息的理解会因人而异。比如说，政府设置的国际贸易壁垒松动了，一位管理者可能视其为拓展市场的机遇，而另一位管理者却把这看作是威胁，因为它带来了竞争。这种很难看清机遇和威胁的问题是普遍存在的。

SWOT 分析只能提供宽泛的建议，如让企业远离威胁，匹配企业的优势与机遇，或者通过撤资或投资来避开劣势。此外，它帮助企业识别应该遵循的具体行动的能力也是有限的。对于战略的执行，它的指导作用也很小。

SWOT 分析使用的数据往往是质化的而不是量化的，它关注的是提供应对战略，而不是先发制人的战略。对劣势的认识往往很粗略，而优势的界定比较细致。实际上，管理者在评估企业的优势和机遇时，相对于评估劣势和威胁，他们通常过于乐观。劣势常常被完全忽略，在政治资源稀缺或者存在内讧的情况下进行 SWOT 分析，劣势被忽视的情况更为普遍。

因为管理者在看待企业潜力时存在盲点（若想更多地了解对待盲点分析的内容，请参见第十章），SWOT 分析常常不准确。由于这个过程具有主观性特点，为了把偏见降到最低程度，让外部人士使用 SWOT 分析来帮助管理者全面了解现实是比较合适的。否则，SWOT 分析的结果不会被用来通报战略，也不会被用来推动战略的实施，而是被视为"极大地浪费时间"，你必须小心避开这个结果。

如何操作

在作 SWOT 分析时，收集和解释信息的过程应该是一个与高管、职能专家和团队成员进行相互关联、相互补充的磋商和查证的过程。此外，在这个过程中，获取和采用客户的想法也应该受到高度重视。

步骤一：罗列并评估 SWOT 分析要素

第一步涉及罗列和评估企业的优势与劣势、机遇与威胁。

- 优势是那些让企业比对手更具竞争力的因素。它体现在企业拥有竞争优势或优越的竞争资源。只有当优势对满足业已存在的或是潜在的客户需求有用时，它才有意义。如果是这样，这个优势才会成为一种能力。实际上，优势是企业能够有效用来实现其绩效目标的能力和资源。在看待优势时，看清事实，不被文化偏见或盲点所蒙蔽，这是很重要的。

- 劣势是存在于企业内部的妨碍企业实现目标的局限性、缺点或不足。它表现为企业经营很差或竞争能力较弱或竞争资源较少。有些劣势无碍大局，但如果可能的话，应该把那些关系到特定的现在或未来的客户需求最小化。再次提请你，当心那些盲点。

- 机遇与外部环境的每一个当前或潜在的有利形势相关，这包括趋势、变化或被疏漏的有利于提高产品质量或服务水平的需求，也包括允许企业在强化其竞争地位的过程中疏漏的需求。

- 威胁包括存在于外部环境中的任何不利的形势、趋势或即将发生的变化，它会在当前或未来损害或影响企业的竞争能力。

可以参照价值链分析法、波特五力分析法或 STEEP 分析法，确保你在现在和未来识别众多的优势和劣势、机遇和威胁。

尽管关于 SWOT 分析谈了很多，但你真正完成的是制作了四个不同的要素表。我们把这个临时结果称为还没有进行考虑或转化的"四串项目符号"。这不是专业意义上的分析，不应该用它来替代建设性分析。资深的分析师会认识到，这只不过是起点，还会有下列步骤。

步骤二：对战略要素进行分析并评级

SWOT 分析的这一步看起来与图 11—2（a）相似——把内部优势和劣势与外部机遇和威胁进行分类的一个评级表（按照重要性来评级）。评级使用共同的标准，这是很重要的，这样企业能够更好地了解它们被优先排序的依据。在这一步中，为了产生有意义、有效果的结果，让管理者、外请专家、客户或其他公正的当事人参与分析和评级，是很重要的。你也许需要沿着表11—1所示的线路来制作一个模板。

表11—1　　　　　　　　　　SWOT 模板

SWOT	得分				
内部优势	1	2	3	4	5
a.					
b.					
c.					
d.					
内部劣势	1	2	3	4	5
a.					
b.					
c.					
d.					

遗憾的是，多数管理者都在这里停了下来，他们认为评级本身就是SWOT分析过程。不过，应该继续为发掘竞争优势而制定战略，这需要做进一步的工作，以便认清使组织具有某些优势或劣势的起因。

步骤三：识别战略匹配，制定战略来改善匹配状况

下一步是根据企业的内部能力和外部环境来识别企业的战略和战略匹配，应该用由此产生的匹配或不匹配情况，来表示企业必须调整战略的程度。

一般来说，应该努力制定和寻找能把重大缺陷转化成优势、把重大威胁转化成机遇的战略。为企业的产品或服务找到新市场通常是有用的转化战略。转化战略往往需要投入额外资源，不管是以厂房、财产、设备、资金，还是以人力资源的形式。

此外，你还应该考虑那些能让劣势最小化或避开无法转化的威胁的战略。在比较大的产业内，一个战略计划可以成为缝隙填补者，另一个战略计划可以为企业的产品或服务重新定位。

在填充图 11—2（b）的四个象限时，四个情景的作用很明显——这些将有助于确定业已存在的战略匹配，制定有效的战略来回应预测出来的议题。

为了正确确定战略匹配，应尽量把企业未来的绩效具体化。如果战略不作任何调整，企业内外部环境不变，绩效会怎样？此外，评估一下其他战略，找到一个给企业提供竞争优势的战略。不过，如果没有战略可以带来明显的竞争优势，SWOT 分析至少可以帮助企业对现在和其他替代战略进行评估。

象限一：与外部威胁匹配的内部优势

这种情况是最理想的，因为它表明企业资源与其外部竞争机遇最相配。这个战略通过对实现竞争优势的资源进行组合，或者通过增加资源来加强竞争优势，以此来实现保持内部优势的目的。应该努力在其他领域寻找巩固优势、消除劣势的机会（见象限二）。

象限二：相对于外部机遇的内部劣势

这个象限里的战略是通过投资把劣势转化成优势、把企业不具竞争优势的劣势外包出去，还是允许竞争者来进入这个劣势领域？这需要在二者之间作出最佳权衡取舍。

象限三：与外部威胁匹配的内部优势

这个战略是通过改变或重新配置企业资源，把外部威胁转化成机遇。或者选择维持防御战略不变，以关注其他象限里更有希望的机遇。

象限四：相对于外部威胁的内部劣势

需要小心处理和监测这个象限。如果企业由于这个象限的议题而危在旦夕，那么制定先发制人的战略可能是唯一的选择。如果战略议题不那么重要，则可以选择撤资，以便关注其他象限里更有希望的机遇。不过，匆匆忙忙把议题移出这个象限是不恰当的，应该考虑这个议题是否有可能给企业提供重大的战略选择，或支持其他象限里更能盈利的活动。减少带有文化或思想偏见的盲点分析对这个象限来说，也许是个有用的办法。

这一步骤看起来像表11—2。

表11—2　　　　　　　　　　　SWOT 矩阵

外部	内部	
	优势	劣势
机遇	SO 战略： 对与外部机遇匹配的内部优势有影响的战略	WO 战略： 对那些克服内部劣势或使其最小化的外部机遇有影响的战略
威胁	ST 战略： 对企业避开外部威胁的内部优势有影响的战略	WT 战略： 使企业内部劣势最小化并避开外部威胁的战略

一旦制定了战略，就要不断监测和分析这个战略，并制定新的战略来解决运营过程中产生的议题。这个方法就像横扫"雷达屏幕"的光束，对识别出来的光点运动进行监测，从 SWOT 分析提供的预警能力中受益。

请记住，不同的企业、产品、服务或市场需要不同的 SWOT 分析。一个 SWOT 分析不可能适用于所有议题。应该定期作 SWOT 分析，以便应对我们都置身于其中的动态环境。

这里有几点指导性原则，需要在作 SWOT 分析时牢记：

● 特别长的明细表说明，用来区分信息和战略议题的筛查标准太笼统；

● 缺乏加权因素说明缺少优先次序处理；

● 每个 SWOT 要素里简短且模糊的措词描述表明，还没有考虑战略启示。

案例分析　Cannondale 自行车公司

总部位于美国康涅狄格州贝瑟尔（Bethel）的 Cannondale 自行车公司在宾夕法尼亚州的贝德福德（Bedford）设计、开发和生产自行车。它还在荷兰、日本和澳大利亚设立了子公司，企业的所有权属于位于康涅狄格州格林尼治（Greenwich）的 Pegasus Partners Ⅱ，L.P.，这是一家私募股权投资公司。它的目标是发明能够引发全世界骑车人激情的高质量的产品。尽管 13 年的业绩记录有助于保持其声望，但 Cannondale 也面临着竞争激烈和动态变化的全球行业环境。就企业外部环境如何与资源和能力（内部因素）相结合，其以便制定可行的战略来帮助企业实现目标，表 11—3 所示的 SWOT 分析提出了综合看法。

表 11—3　为 Cannondale 自行车公司制作的 SWOT 矩阵

	优势	劣势
	1. 品牌识别 2. 提供整个价值链的所有商品 3. 零售渠道的范围（高端自行车销售店） 4. 非凡的设计和工程技术能力 5. 员工的奉献精神	1. 努力实现多样化的混乱结果 2. 工程技术和设计人才的高成本 3. 生产碳车架的经验较少 4. 零配件所占的市场份额小 5. 在服装市场上缺乏认知度
机遇（O）	**SO 战略**	**WO 战略**
1. 在奥地利联合生产碳车架 2. 在三大洲参加比赛的公路和山地自行车队寻找赞助商 3. 行业联合有利于所有产品的经营者，可以广泛采取零售方式 4. 独特的设计受到青睐 5. 在需求增加的时候，拓展到与骑自行车相关的服装行业	1. 与 TopKey 结成生产碳车架的伙伴（S2, S4, O1, O3） 2. 收购亚洲制鞋企业的费用不高（S1, S3, O3, O5） 3. 在碳纤维供应上使用期货合同和套期保值（S2, O1） 4. 让 Sugoi 转而生产碳纤维鞋、运动衫和马甲（S1, S3, S5, O4, O5）	1. 利用正在伺机进入的投资资本（W1, W3, W5, O3, O5） 2. 拓展亚洲的零售伙伴网络（W5, O2, O3） 3. 赞助新的亚洲职业洲际自行车队（W5, O2, O5）

续前表

威胁（T）	ST 战略	WT 战略
1. 职业自行车手处境艰难 2. 碳纤维缺乏，供应成本高 3. 精品店影响高端市场 4. 关键的新配件（驱动链）可能需要设计新理念 5. 大量投资转化成企业的商品（大众市场）	1. 赞助主要地区的俱乐部（T1, T5, S1, S5） 2. 根据测试过程中建立起来的关系，快速开发原型配件（S2, S4, S5, T3, T4） 3. 加强与提供全套配件的供应商的关系，如Shimano，SRAM 和 Campagnolo（S2, S4, T4, T5）	1. 重点放在铝车架和配件上（W2, W3, T2, T4） 2. 放弃某些配件设计和生产设备（W1, W4, T3, T4） 3. 重新规划经销地点，转移到供货速度快、需求大的地区（W5, T3, T5）

注：每个战略下面的数字反映的是制定某一战略时已被识别的因素之间的相互关系。

第十二章 价值链分析

描述与目的

价值链分析（VCA）被用来识别企业经济优势的潜在来源，以及实现资源的最优配置。要想做到这一点，可以根据企业的外部环境来考察企业的内部核心竞争力。企业的价值链是较大的行业价值体系的组成部分，后者包括激发全部行业参与者——从原材料供应商到最终消费者——的创造价值的活动。价值链分析把企业的流程分成与战略相关的价值创造活动。这对分析产业利润提供了丰富的见解，有助于识别形成竞争优势所需的战略。

价值链分析具有独特的优点，那就是可以被用来使企业缩小自身的能力与竞争环境中机遇和威胁之间的差距。因此，价值链分析的两个主要目的是识别机遇来获得成本优势，以及形成产品或服务的品质差异化。

价值链分析的目标是帮助识别这样的战略，即这些战略能让你们组织创造的客户价值超过传递该客户价值的费用，这也是企业利润的来源。与此同时，要实现成本优势，既可以通过重置整个价值链来降低成本，也可以通过降低价值链上任何一个主要活动的费用。同样，实现产业化既可以通过重置价值链，也可以在具体活动中以创新的方式来创造更高的价值。

迈克尔·波特在他 1985 年出版的《竞争优势》（Competitive Advantage）（见图 12—1）一书中以通俗的方式介绍了价值链这个概念。

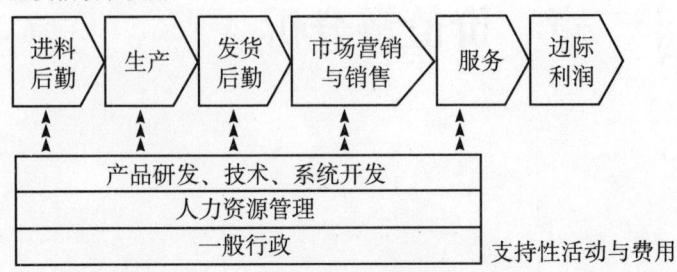

```
         主要活动和费用
┌────┐ ┌────┐ ┌────┐ ┌────┐ ┌────┐ ┌────┐
│进料│ │生产│ │发货│ │市场营销│ │服务│ │边际│
│后勤│ │    │ │后勤│ │与销售  │ │    │ │利润│
└────┘ └────┘ └────┘ └────┘ └────┘ └────┘
  ▲      ▲      ▲       ▲       ▲
┌─────────────────────────────────┐
│   产品研发、技术、系统开发       │
│   人力资源管理                   │
│   一般行政                       │
└─────────────────────────────────┘   支持性活动与费用
```

图 12—1　价值链

资料来源：M. Peter, *Competitive Advantage* (Now York: The Free Press, 1985).

波特把所有这些活动分成两大类：

一、主要活动

- 进料后勤。如库存和搬运。
- 生产。把投入转化为最终产品或服务的活动。
- 发货后勤。与配送货物相关的活动。
- 市场营销与销售。销售信息交流、定价以及渠道管理。
- 服务。售后支持性活动。

二、支持性活动

- 技术开发。工程、研发和信息技术。
- 人力资源开发。招聘、激励机制、动机、培训、晋升和劳动关系。
- 企业的基础设施。支持性管理活动，如财务、法律、规划以及所有形式的利益相关者关系（政府与公共事务、社区投资以及投资者关系）。

客户支付的价格以及所有这些活动的费用决定了企业利润。显然，你应该查看一下你们企业是否从其选择参与的活动中得到了最大的潜在边际利润。

此外，企业投入要素的所有供应商以及企业产品或服务的上游渠道购买者也有自己的价值链，都是由主要活动和支持性活动构成。总的来说，所有这些价值链都囊括了图 12—2 显示的行业价值体系。

第十二章 价值链分析

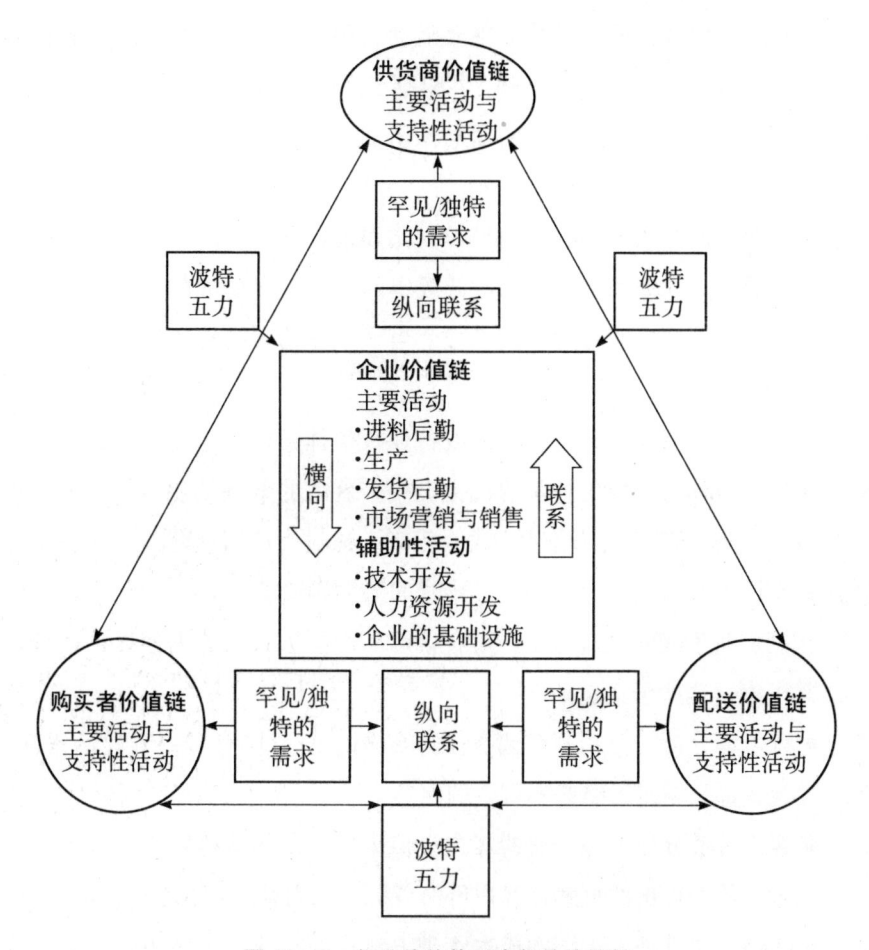

图 12—2　行业价值体系内部的价值链

整个产业价值链的活动总数决定了产生的客户总价值。客户决定愿意支付一定价格来购买产业生产的产品或服务,也是他们最终决定行业价值体系的所有参与者赚得的边际利润。每个参与者所得利润占行业利润的份额是由波特五力决定的波特五力还影响着产业结构（请参见第六章）。

价值链分析被用来确定企业当前的实力,建议企业如何增强实力以便获得更多的行业利润份额。下列明细表对价值链的各个环节进行排序,产生竞争优势的能力越高,排位就越靠后。

● 企业价值链内部的单项个人活动。例如,身为进料后勤的产业领导。

- 企业价值链上相互联系的主要活动。例如，越来越严的质量监督减少了返工、废品、客户退货，提高了产品或服务的客户价值。
- 企业价值链上相互联系的辅助性活动。比如说，鼓励企业所有相关部门进行组织结构学习。
- 行业价值体系内部的纵向环节。比如说，与供货商和客户建立密切关系，为共同利益一道制定低成本的或有差异的战略。但共同利益通常是不均衡的，这取决于每个当事人在较大的价值体系中讨价还价的能力。

通过消除或者绕开整个价值链或行业价值体系内的主要活动，价值链分析突出了重建行业价值体系的机会。一个著名的案例是亚马逊网上书店（Amazon.com）创新运用技术和关系管理，通过与出版社建立密切关系并采用只在网上销售的策略，绕过了传统的图书零售渠道。

在制定竞争战略的过程中，还有很多不同的方式来辅助使用价值链分析或其子集。这些子集包括：

- 竞争者分析。分析竞争者的成本结构、经营模式和差异化的来源，这些都是制定战略必不可少的内容。
- 客户价值分析。把普通的客户价值创造活动与战略制定过程结合起来，从中得出的见解让客户价值分析与利润始终相联系。
- 战略成本管理。传统的成本管理方法是在企业上上下下普遍进行控制和削减成本的活动（以便为每个价值活动加入成本动因），现在把这个方法拓展开来，以便更好地进行成本管理。例如，价值链分析能让企业识别与供货商及客户的纵向联系，并加以利用。
- 一体化。价值链分析有助于企业明智地向纵向一体化或横向一体化战略进行投资，或者反过来，通过了解本企业价值链的影响及其在本行业价值体系中的战略地位，决定从中撤资。
- 供应链管理。确定供货商的议价能力，认清他们在本行业价值体系中的位置，这些都可以为互利的合作关系创造机会。
- 战略外包。这需要了解企业的核心竞争力，而价值链分析可以提供这方面的知识。如果掌握了企业的核心竞争力，了解了价值链上各种活动的重要性，可以作出战略外包的决定。在不损害企业竞争优势的情况下，降低成本，或者提高差别化和灵活性。

- 购并、结盟或建立合资企业。价值链分析能够有利地提出协作或战略匹配。如何选择目标企业，要根据收购会如何加强企业在行业价值体系中的力量来决定。
- 组织结构。根据单独的价值创造活动以及价值链上的纵向联系，划出组织单位的界限，这么做能让企业与其竞争优势的来源的关系更为协调。

波特推荐价值链分析，是为了鼓励企业利用通常被忽视的潜在纵向协作。这种协作关系存在于企业的经营单位和行业价值体系的其他参与者之间。价值链分析的逻辑是，竞争优势的多数来源存在于这些（往往看不见的）协作之中。

价值链分析法的优点

从企业的角度看，价值链分析对了解自身的优劣势是一个有用的工具。从行业角度看，价值链分析有助于企业了解自己相对于主要客户和供货商的竞争地位。此外，价值链分析也能让企业很好地了解自身资源与能力的性质和可持续性，以及要想在未来具有竞争力，需要获得哪些资源和能力。对那些把作 SWOT 分析看作是见解形成的一部分的人士来说，价值链分析能提供更好的真实感受，使他们理解什么是真正的优势，什么是真正的劣势（请参见第十一章）。

价值链分析鼓励企业综合考察把价值传递给客户的所有价值创造活动。此外，它还包括影响客户价值的复杂经济成本动因，如结构性成本动因（比如说，规模、范围、经验、技术与复杂因素）和执行性成本动因（比如说，管理风格、全面质量管理、设备布置、产能利用率、产品配置、与供货商和客户的纵向联系）。

我们已经看到，价值链分析建立起了一个全面的成本/价值分析。由于它的外部客户聚焦和产业聚焦，此分析更能贴切地模仿现实的经济状况。它有助于激发新观点来看待收益和基于成本的增加价值的途径。

如果你们企业采用了作业会计（ABA），价值链分析的过程会比较容易，因为作业会计废除了很多曲解传统管理会计的做法。实际上，作业成本管理（ABM）与价值链分析管理有很多相似之处。价值链分析对那些已经采用成本作业法（ABC）、标杆管理、六西格玛（six sigma）或相似的管理会计或统计控制过程的企业，效果非常好。把价值链分析与这些数据来源相结合并对其进行升级，对准确理解哪里需要提高边际利润、哪里需要降低边际利润提供了基于实证的最佳看法。

价值链分析法的缺陷

尽管价值链分析有很多优点，但信息技术的飞速发展对其作用提出了挑战。一个越来越有影响力的管理思想流派认为，传统的价值链围绕的是纵向联系，它不能以成功战略所需要的速度来不断地重塑价值。

传统价值链分析的目的是了解具体的资产及其流量。它可能不太适合用在围绕智力资产和/或服务的竞争上。如前文所说，这个概念有了新的发展，越来越需要修改传统的价值链分析来形成新的竞争模式，包括价值网络分析、价值网格分析、价值迁移、价值星系分析、价值流程图、价值店分析、服务价值链等。

在信息通信和技术环境里，管理价值链需要把波特的价值链分析模型没有明确提到的经济现实涵盖进来。价值链分析把信息视为支持企业战略的要素，但它实际上只是辅助活动的一部分。最近推出的模型，如虚拟价值链和价值网管理，把信息视为独立的、截然不同的创造价值的因素，必须对其进行分开管理，但应该将其和长期的实体价值链放在一起进行管理。

此外，波特还因为过分简单化而受到批评，因为他开出的很多质化药方很难量化处理,其中最明显的缺点便是,它们需要海量的资源。有效的价值链分析需要对标杆学习、客户研究、竞争分析和产业结构分析进行大量的投入,通常使用的数据既不免费,也不容易获取。作价值链分析在理论上也许很直观,但若想取得最佳的效果,难度较大,而且耗时。

此外,企业内部的多数会计资料与价值链分析的分析点不相符,这有几个原因。传统的管理会计制度很少

- 围绕价值创造活动收集资料,而是围绕产品/服务和期间成本来收集资料。
- 通过产品或服务来收集期间成本的资料,很难准确把间接成本分配到价值创造的过程中。
- 围绕成本动因收集资料。部门预算很少能准确确定价值创造活动的实际成本。
- 能转移传统的会计管理制度的价格和随意分摊的成本,以适当地包括企业价值链的横向环节或行业价值体系的纵向环节所产生的因素。

如何操作

作一个成功的价值链分析需要判断,注意细节,了解竞争和量化分析,了解企业的产业结构,更为重要的是,把了解的情况与企业的能力结合起来,这些是制定成功战略必须做到的。

价值链分析,首先进行的是企业价值链的内部分析,接下来是对行业价值体系的外部竞争进行分析,最后把这两个分析进行整合,以识别/制定一个有可能保持竞争优势的战略。

步骤一:界定企业的战略经营单位

考察的第一个层次是围绕企业的不同部分划分界限。这是很必要的,因为企业的不同部分会有不同的竞争优势来源,需要不同的战略。

通常而言,企业的组织结构或会计制度不会按照经营单位的业务来对

经营单位进行分类。你必须摆脱普通的分类种类，如部门和功能或成本、收入及投资中心。下面是界定经营单位的两个相互矛盾的标准：

- 自主权（某一经营单位的管理决策在什么地方对其他经营单位很少有或根本没有影响）；
- 它们支持价值链分析的能力（在企业内部的共享环节，在价值体系的价值链之间的共享环节）。

如果两个标准发生矛盾，最好选择后者。因为价值链分析的主要目的是影响共有的联系——竞争优势巨大的潜在源泉。

步骤二：识别企业重要的价值创造活动

对那些没有采用作业会计的企业来说，波特提供了几个界定价值创造活动的特征。这些活动

- 具有不同的经济结构；
- 占总成本的比例很大，或者越来越大；
- 对造成产品—服务差异化发挥了重大作用。

表 12—1 和 12—2 为你需要的内容提供了参考。

表 12—1   评估价值链上的主要活动

进料后勤

存在哪种库存控制系统？运行情况如何？
- 如何搬运和存储原材料？效率如何？
- 如何收取材料？材料来自谁？从哪里购买？

生产

需要检查的部门，包括加工、检验、包装、设备维修等，需要问的问题是：
- 与我们的竞争者相比，我们设备的生产能力和效率如何？
- 使用哪种设备？效率如何？
- 生产控制系统适合于控制质量和降低成本吗？其运作的效率和效果如何？
- 在生产流程中，我们的自动化水平合适吗？对员工进行适当培训来使用这些设备了吗？设备可以升级吗？

续前表

发货后勤

- 对成品进行高效存储了吗？有多少废品产生？
- 我们如何进行订单处理？自动化处理的比例有多大？
- 成品是否被高效地送达客户手中？我们的配送业务便捷有效吗？
- 成品是否被及时地送达客户手中？

市场营销与销售

- 市场调研是否被有效地用来识别客户群和了解客户群的需求？
- 促销活动和广告是否有创新？
- 对替代的分销渠道是否进行了评估？我们如何选择并管理分销渠道？
- 销售人员的业务水平怎样？他们是否充分发挥了积极性？对当前的客户或潜在客户而言，他们发挥了自己的作用了吗？
- 我们组织在客户面前有良好的形象吗？我们组织是否拥有良好的声誉？
- 我们的客户和竞争者的客户的品牌忠诚度如何？我们的客户的品牌忠诚度是否需要加强？
- 我们在不同的细分市场上是否占据了主导地位？

客户服务

- 为提高产品质量，我们积极地征求了客户意见了吗？
- 处理客户投诉的情况怎样？是否快速有效？
- 我们产品的质量保证政策合适吗？
- 我们对员工进行客户教育和服务方面的培训效果怎样？
- 我们操作设备的情况怎样？
- 我们提供备件和维修服务的情况怎样？

资料来源：Mary K. Coulter, *Strategic Management in Action*, Second Edition (Upper Saddle River, NJ: Prentice – Hall, Inc, 2002: 133).

表 12—2　　　　评估价值链上的支持活动

采购

- 我们为所有需要的资源找到了替代供货商了吗？
- 及时采购资源了吗？是以可能的最低价采购的吗？质量可接受吗？
- 是定点采购还是分散采购？哪种效果最好、效率最高？
- 我们采购大型资本支出资源，如厂房、机器和建筑的程序的效果和效率如何？

续前表

采购

- 决定租借或购买的标准合适吗？
- 我们是否与可靠的供货商建立起了长期良好的关系？

技术开发

- 在产品和流程革新方面，我们的研发活动成功吗？
- 研发部门的员工与其他部门员工的关系牢固吗？他们合作融洽吗？
- 技术开发活动能否在标准的期限之前完成？
- 我们组织的实验室和其他设施的质量如何？
- 我们是否利用了办公自动化和电信技术？
- 我们组织的文化是否鼓励创新和革新？

人力资源管理

- 我们招聘、选择、安排职位和培训员工的程序的效果如何？
- 是否存在良好的人事升迁政策，执行效果怎样？
- 激发和挑战员工的激励制度是否合适？
- 我们的工作环境是否能够让缺勤率降到最低？让人员流动率保持在合理的水平？
- 工会与组织的关系（如果恰当）能否被接受？
- 管理者和技术人员能否积极参加专业学习？
- 如所需的那样，授予员工决策权了吗？
- 员工的工作动力、对工作的责任感怎样？他们从工作中获得的满意程度可接受吗？

企业的基础设施

- 我们有能力识别潜在的外部机遇或威胁吗？我们有预警机制吗？
- 我们的战略规划系统促进组织实现目标了吗？
- 我们能否得到成本较低的资金来应对资本支出和营运资本？
- 我们的信息系统支持战略决策和经营决策吗？我们的信息系统能否及时准确地提供有关市场大环境趋势和竞争条件的信息？
- 我们的沟通流程是否促进了与组织内外的主要利益相关者快速透明地分享信息？
- 我们与所有利益相关者，包括公共政策制定者、利益集团等保持了良好关系吗？
- 我们是否具有良好的公众形象？是一个负责任的企业吗？

资料来源：Mary K. Coulter, *Strategic Management in Action*, Second Edition (Upper Saddle River, NJ: Prentice-Hall, Inc, 2002: 134).

步骤三：进行内部成本分析

内部成本分析包括下列内容：

- 给步骤二识别的每个主要的价值创造活动分配成本。建议使用完全成本法或产品生命周期成本法，因为它们包括了全部的生产能力利用率。

- 为每个主要的价值创造活动找到成本动因，推动这个活动的主要成本种类在一个以上。结构性成本动因在本质上是长期存在的，它影响企业产品和服务的经济成本结构（如规模、范围、学习曲线、技术和复杂因素）。执行性成本动因在本质上更贴近具体业务（比如说，管理风格、全面质量管理、设备布置、产能利用率、产品配置、与供货商和客户的纵向联系）。

- 判断企业当前具有潜在的低成本优势的部门的战略。在企业的价值链上寻找横向环节，它们是以相互联系的价值创造活动的形式出现的，借助于合作关系，降低了成本。这是为成本管理探寻机遇的时候。通过标杆学习和相关的业务比较，把企业的成本结构与竞争进行对比，这种把焦点放在外部的做法是很重要的。接下来可以使用业务流程设计和再造的方法，来获得任何一个潜在的低成本优势。

步骤四：进行内部差异化分析

与内部成本分析相似，内部差异化分析首先识别企业的价值创造活动和成本动因。接着，通过下面步骤，把客户和竞争信息与适当的战略结合起来：

- 进行客户研究，以准确界定客户价值。获得竞争方面信息的有效途径是，与客户进行谈话，分析客户自己的价值链，以便了解你们企业的产品和服务给客户提供怎样的额外价值。

- 识别能够区分你们企业的产品和服务的战略。这可以包括产品或服务特征、渠道管理、客户支持、售前和售后支持、品牌创建和价格。

根据企业的核心竞争力，选择最佳的差异化战略来实现竞争优势，可以通过提供稀缺的、受欢迎的、竞争者很难模仿的产品或服务，来实现这个目标。

步骤五：绘制行业利润池

a. 界定行业利润池的参数

行业利润池的参数取决于影响企业目前和未来盈利能力的价值链流程。预测企业、竞争者和客户需求的前景是很有益处的。这个流程包括所有相关的价值创造活动，从购买原材料开始，以最终客户所有权的总成本结束。请注意，最终客户不一定购买你们企业的产品或服务。

b. 估计行业利润池的总规模

运用几个不同的估计方法来判断利润池的总规模，比如说，可以通过企业、产品、渠道或区域的方法。通常情况下，对利润而言，会计利润就够了。不过，如果在绘制行业利润池时有国际参与者，就可以使用经济附加值（EVA）。因为通用会计准则（GAAP）的诸多制度造成了很多曲解，而经济附加值废除了这些曲解。提供这些信息的来源有分析报告、财务报表、证管会报告，以及行业专家进行的估计。

c. 估计利润池的分配情况

在对本行业的竞争企业进行外部分析时涉及了一些活动（步骤一至四），利用这些活动来分析你们企业的利润结构，这是良好的起点。下面是这个阶段应该遵循的几个普遍原则。

- 利用你对自己企业基本经济状况的了解，来估算每个活动的利润。注意，要把已分摊的成本分离开。可以把这个信息作为相对的测量标准来估算本行业中竞争者的活动利润。
- 竞争信息的来源包括财务报表、分析报告、证管会发布的文件、贸易杂志、商业出版社、行业协会以及政府管理者。
- 一个有用的提示：使用市场价值或资产重置成本。后者支持价值创造活动，支持在满负荷生产的情况下，给相同的价值创造活动核定成本的完全成本法。

- 运用 80/20 法则，意思是占行业数量 20% 的企业会创造出 80% 的行业利润。因此，应该首先关注最大的企业。
- 分析应该多详细，这要取决于本行业出现的纵向一体化的程度。首先从焦点企业入手，然后估算多元化企业开展相关活动的利润。你可以通过对自己企业经济状况的了解以及对本行业中焦点企业的了解来做到这一点。接下来，根据抽样，把规模较小的企业也包括进来（占全行业数量 80%、占行业利润 20% 的企业）。
- 为准确起见，汇总这个步骤确定的活动利润，并把这个数字与步骤五的 b 部分确定的行业总利润池作比较。如果这两个估计数字差异很大，那么改变设想，再来一次，对方法进行微调，直到这两个数字在合理的范围内接近。

如果把行业利润池用图解表示出来，那么就会与图 12—3 差不多。不过，结果让人感到有些意外。因为占行业收入最大份额的活动所赚取的利润占所有产业利润的比例很低，这显得有些不相称。

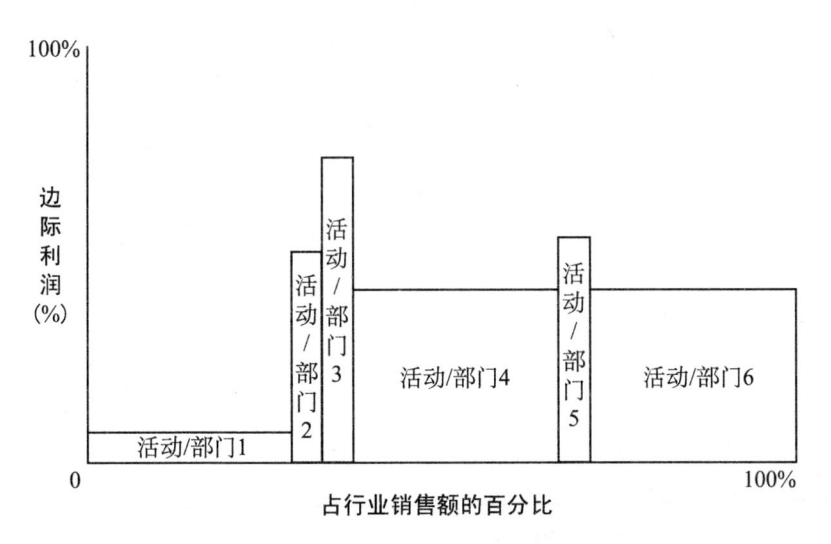

图 12—3　行业利润池格式图解

步骤六：纵向联系分析

步骤一至四考察了如何在企业价值链内部发现成本和差异化优势的机遇，步骤五能让你确定在战略上把企业定位在行业利润池的浅水区还是深水区。纵向联系分析能让你找到机会来利用行业价值体系上最重要的竞争优势来源。你可以把对企业经济结构、客户价值的详细情况的了解与外部竞争分析结合起来，以确定如何把企业重新定位在行业利润池的深水区，并且保持这个位置。

实现这个战略的关键是纵向联系分析，这也是最难的阶段。因为行业价值链上的很多纵向联系不很明显，难以被发现。然而，正因为存在这样的困难，价值链分析通常为竞争优势的实现提供了直接途径。这包括下列阶段：

1. 用波特五力模型来确定行业的经济结构（请参见第六章）。

2. 为竞争者的每个价值创造活动确定推动低成本或差异化的成本动因和核心竞争力。

3. 评估自己企业的核心竞争力——那些创造低成本或有差异的客户价值的能力、技能和技术。通常情况下，核心竞争力是通过集体学习和关系来获得的。识别任何机会来超越竞争者给客户提供的条件，而通过获得丧失的竞争力或者把成功设计、保持并加强低成本或差异化战略所需要的现有能力补充完整，就可以做到这一点。

4. 根据价值体系上的其他价值链的相对议价优势，确定获得或强化所需竞争力的机会，方法是通过与供货商、渠道或者价值体系上的购买方建立纵向联系。

5. 避免满足于混合战略思想——部分差异化、部分低成本。这个方法很简便，但对一般企业来说，它不会带来竞争优势，反而会让企业在行业利润池的浅水区漫无目的地艰难行进。越来越多经过实践验证的学术著作提出，制定成功的战略是很有价值的，因为高管人员常常被迫作出痛苦的取舍。混合战略只给那些正极力扩大生产能力的企业提供成功机会，或者只给那些真正拥有综合全球战略的企业提供成功机会。

6. 在企业价值链与供货商、渠道和客户的价值链之间建立的纵向联系中，努力识别任何创造竞争优势的潜在机遇。通过与行业价值体系上的其他价值链进行合作，企业往往能够制定出竞争者不可能模仿的低成本或差异化战略。复杂的或无形的纵向联系能够提供最不可思议的结构——稀缺、受欢迎和难以模仿的结合体，而这三合一的结合体构成了竞争优势的基础。

步骤七：重复

定期重复以上六个步骤，让价值链分析成为你们企业竞争情报和战略制定体系的核心要素，主动把握渐进的革命性行业变化。

决策的10个工具
Analysis without Paralysis

案例分析　宜家家居

在企业如何运用价值链分析的概念重塑行业价值链，使之有利于自己方面，瑞典的宜家家居是一个非常好的例子。宜家家居在从一个小型的邮购家具的国内企业发展成一个在37多个国家和地区设有260家分店的跨国连锁企业的过程中，价值链分析起到了非常重要的作用。2007年，宜家家居收入达20.06亿欧元，拥有全球5.8亿客户。更为重要的是，宜家家居一边发展，一边盈利。在家具行业利润折扣非常低的情况下，宜家家居的边际利润估计增长了10%。最早对宜家家居的经营模式进行的分析表明，它之所以能够取得如此业绩是通过高效率、有实效的内部价值链管理：低成本部件、高效率的仓储以及客户自助服务，使其能够提供低于竞争者25%~50%的折扣。宜家家居成功的真正原因还远不止这些，不过，这都可以从其熟练管理行业价值体系方面反映出来。

宜家家居通过影响所在行业的价值体系上的纵向环节，重新界定了行业的每个方面，从而成功地重塑了其行业价值体系。它运用行业价值体系内部的很多单独的价值链来提升自己在家具行业的实力。

供货商的价值链

宜家家居在11个国家设有工厂，多数都在东欧和中欧，业务覆盖了生产的每个环节——山林管理、锯木、板材生产和家具生产。然而，宜家家居的低成本主要源于广泛的外包。宜家家居与供货商密切合作，合作共赢。位于31个国家的45个宜家贸易公司对50个国家的供货商进行了低成本、高质量的情况评估。位于瑞典艾尔姆胡尔特（Almhult）总部的家具设计师开展的工作比当前的产品生命周期提前了2~3年，目的是确定由哪家供货商来提供部件。一旦宜家接受了供货商，它就会给供货商提供与全球市场、技术援助和租用设备等相关的规模经济。此外，供货商也接到宜家家居工程师在质量方面的建议，而且能够进入计算机数据库。这有助于组织原材料，使来自商业服务部门的供货商彼此协调适应。

分销价值链

为了管理和支持全球供货商网络，宜家家居在16个国家设立了31个分销中心。这些中心给宜家店铺提供货物，并保证从供货商到客户的渠道是直接的、划算的，而且各环节尽可能做到环保。高效分销在维持低价方面起了重要作用。

每家店铺里的收银机与这些仓库构成的直接联系是降低成本战略的主要部分，因为它们支撑着精益库存管理。此外，通过让宜家家居把供求紧密结合起来，它们也支撑着客户价值。

客户价值链

宜家家居战略的基石是让客户相信，客户在创造价值方面承担更多责任对他们自己是最有益的，可以通过在行业价值体系中从事更多的活动，如选货、订货、提货、组装产品，以换取低价优质的产品。为了鼓励积极重新设计这个价值体系，宜家家居利用自己的核心竞争力，也就是它了解的有关情况，采取措施使这些活动让客户感到轻松、有趣，并且有价值。

- 宜家每年为34个国家和地区用27种语言制作56个版本的1.91亿个目录。每个目录刊载的产品只占总数为9 500个产品的30%～40%，超越了目录仅作为订货工具的传统功能。此外，宜家家居的网站在过去的12个月里吸引了全世界4.5亿次访问量。实际上，目录和互联网发挥了指南的作用，基本上向客户解释了对客户的期望，期望客户在当地的宜家店铺以超低折扣购得优质家具。

- 把在宜家家居购物设计成一件乐事。宜家家居给购物者提供了很多创造价值的便利设施——折叠式婴儿车、有专人管理的日托所、游乐场、咖啡屋、餐馆以及为残疾人准备的轮椅。许多设施是免费的，所有这些都提高了购物经历的价值。

- 在宜家购物轻松、快捷、收获大。宜家提供了几种方法来帮助客户与宜家家居一道创造客户自己的价值。像目录、卷尺、钢笔和纸张都是免费提供的。通过宜家家居的店面展示可以激发设计理念。这些展示物品只带有必要的信息介绍——产品名称、价格、尺寸、材料、颜色、保养说明、订货和取货地点。如果客户的车辆装不下所选择的商品，宜家家居可以提供车顶行李架。

价值链分析让宜家家居给客户提供了独一无二的东西——大量高质量、低成本的家具。这种组合避开了家具行业长期以来视为神圣的传统交易。通过影响价值体系上的纵向联系，宜家家居的战略是少有的、受欢迎的、很难模仿的，而且牢牢确立了在行业利润池深水区的位置。

资料来源：R. Normann and R. Ramirez, "From Value Chain to Value Constellation: Designing Interactive Strategy," *Harvard Business Review* 71 (4), 1993: 65-77.

Authorized translation from the English language edition, entitled Analysis without Paralysis: 10 Tools to Make Better Strategic Decisions, 1st Edition, 9780132361804 by Babette E. Bensoussan, Craig S. Fleisher, published by Pearson Education, Inc, publishing as FT Press, Copyright © 2008 by Pearson Education Inc.

All rights reserved. No part of this book may be reproduced or transmitted in any form or by any means, electronic or mechanical, including photocopying, recording or by any information storage retrieval system, without permission from Pearson Education, Inc.

CHINESE SIMPLIFIED language edition published by PEARSON EDUCATION ASIA LTD., and CHINA RENMIN UNIVERSITY PRESS Copyright © 2012.

本书中文简体字版由培生教育出版公司授权中国人民大学出版社合作出版，未经出版者书面许可，不得以任何形式复制或抄袭本书的任何部分。
本书封面贴有 Pearson Education（培生教育出版集团）激光防伪标签。无标签者不得销售。

图书在版编目（CIP）数据

决策的10个工具/［澳］本苏桑，［加］弗莱舍著；王哲译．—北京：中国人民大学出版社，2011.12
ISBN 978-7-300-14996-7

Ⅰ.①决… Ⅱ.①本…②弗…③王… Ⅲ.①商业经营-经营决策 Ⅳ.①F715.1

中国版本图书馆CIP数据核字（2011）第264351号

决策的10个工具

［澳］芭贝特·E·本苏桑
［加］克雷格·S·弗莱舍   著
王 哲 译
Juece de Shige Gongju

出版发行	中国人民大学出版社		
社　　址	北京中关村大街31号	邮政编码	100080
电　　话	010-62511242（总编室）		010-62511398（质管部）
	010-82501766（邮购部）		010-62514148（门市部）
	010-62515195（发行公司）		010-62515275（盗版举报）
网　　址	http://www.crup.com.cn		
	http://www.ttrnet.com（人大教研网）		
经　　销	新华书店		
印　　刷	北京宏伟双华印刷有限公司		
规　　格	160 mm×235 mm　16开本	版　次	2012年3月第1版
印　　张	11.75 插页1	印　次	2012年3月第1次印刷
字　　数	156 000	定　价	35.00元

版权所有　侵权必究　印装差错　负责调换